Cathédrale sauvage

CHEZ LE MÊME ÉDITEUR
LA CATHÉDRALE DE STRASBOURG

Strasbourg, la grâce d'une cathédrale, sous la direction de Mgr Joseph Doré

Bâtisseurs de cathédrales. Strasbourg, mille ans de chantier, de Sabine Bengel, Marie-José Nohlen et Stéphane Potier

Mes cathédrales, de Tomi Ungerer

Notre cathédrale, de Bernard Eckert et Jean-Paul Ehrismann

Cathédrale, de John Howe

Les illustres chanoines de la cathédrale de Strasbourg, de Dominique Henneresse

LES CATHÉDRALES DE FRANCE

Collection « La grâce d'une cathédrale » dirigée par Mgr Joseph Doré et coéditée avec Place des Victoires – **www.lagracedunecathedrale.com**

Toutes les photographies de ce livre sont, sauf mention contraire, d'Alain Mauviel.

Direction éditoriale : Mathilde Reumaux
Recherches iconographiques : Émilie Longuet
Mise en page, chromie : Jean-Baptiste Ritt, Aprime
Révision des textes : Antonio Lagala

4, rue Frédéric-Guillaume Raiffeisen 67913 - Strasbourg Cedex 9

ISBN 978-2-7165-0915-2

www.nueebleue.com

PAULINE BUGEON
CÉDRIC CHAMBIN

PHOTOGRAPHIES
D'ALAIN MAUVIEL

Cathédrale sauvage

Sur les traces des oiseaux de la cathédrale de Strasbourg

LA NUÉE BLEUE

LES AUTEURS

PAULINE BUGEON est autrice de films documentaires et coordinatrice pour la direction artistique d'Arte. Elle a auparavant travaillé sur la production de films publicitaires pour la télévision.

CÉDRIC CHAMBIN est auteur et réalisateur de films documentaires. Il est également monteur et réalisateur pour Arte. Auparavant, il a écrit, réalisé et produit un long métrage et développé des scénarios pour le cinéma.

Tous deux passionnés de nature et d'ornithologie, ils se sont orientés, suite à de nombreux voyages en commun, vers le film documentaire pour mettre en avant les acteurs de la protection de la nature. Ils ont notamment réalisé un film documentaire à partir de leurs explorations sur la cathédrale de Strasbourg (*Cathédrale sauvage*, Ère Production, 2022). Ils vivent tous les deux à Strasbourg.

ALAIN MAUVIEL est photographe naturaliste. En parallèle à une carrière scientifique internationale dans le domaine médical, il a monté une entreprise de photographie dans la région de Philadelphie, s'est passionné pour la photographie subaquatique et, plus récemment, pour la recherche de faune sauvage dans des milieux urbains. Il a rencontré Pauline Bugeon et Cédric Chambin lors d'un séjour ornithologique au Sénégal. Des liens d'amitié se sont noués, à l'origine de ce travail sur la cathédrale de Strasbourg.

« Un jour viendra, qui peut-être n'est pas aussi éloigné qu'on peut le craindre, qui rendra inutile l'application des mesures protectrices et répressives. Les animaux, ces contemporains de l'homme, qui ne passent la plupart sur la Terre que pour y souffrir, ne seront plus brutalement traités. Mais, ce résultat obtenu, il faudra encore enseigner la modération dans l'emploi que nous en faisons. Les rivières se dépeuplent, ainsi que les champs et les bois. Plusieurs animaux ont disparu de nos forêts. [...]
Il devient donc nécessaire, non seulement de protéger l'individu, mais aussi l'espèce. Nous sommes les maîtres de la Terre pour user et non pour abuser, pour conserver et non pour détruire. Nous la tenons à titre viager et nous devons la laisser à nos descendants, améliorée, si nous le pouvons ; mais appauvrie ou détériorée, jamais. »

ANTOINE LAURENT APOLLINAIRE FÉE*

« On n'a pas deux cœurs, un pour les animaux et un pour les humains. On a un cœur ou on n'en a pas. »

ALPHONSE DE LAMARTINE

* « Il ne faut pas maltraiter les animaux », dans le premier numéro du *Bulletin de la société protectrice des animaux*, janvier 1855.

TABLE

Introduction

La cathédrale et les oiseaux

Ces dernières années, il est devenu fréquent qu'on sonne à notre porte strasbourgeoise à n'importe quelle heure du jour. Sur le palier, un inconnu au visage embarrassé, une boîte à chaussures ou un carton dans les mains. De petits trous dans la boîte laissent planer très peu de doutes sur le contenu du colis. Un oiseau découvert sur la route, sur un trottoir ou dans un parc. Pourquoi autant de malheureux volatiles convergent-ils chez nous ? Parce que nos amis savent que nous adorons les animaux et que nous nous passionnons pour les oiseaux. Alors, les samaritains qui ont le cœur de s'arrêter devant un animal blessé pour tenter de le sauver se passent le mot afin de trouver des personnes pour les prendre en charge et, à défaut de structures adaptées en ville, on les amène chez nous.

Sans nous appuyer sur un bagage professionnel, nous avons acquis de manière empirique l'expérience nécessaire pour évaluer l'état d'urgence de ces oiseaux. Examen des plumes, de l'intérieur du bec, des pattes, des ailes, vérification de la masse graisseuse... La majorité du temps, si l'oiseau ne peut être relâché, nous le convoyons simplement au centre de soins de Rosenwiller ou, si possible, chez un vétérinaire – l'un de ceux qui connaissent les oiseaux, ce qui est moins courant qu'on pourrait l'imaginer dans la profession.

Dans la majorité des cas, l'oiseau dans la boîte est un biset, un pigeon des villes. Parfois, c'est une palombe, un moineau et, de temps en temps, un martinet noir. Dans ce dernier cas, la cause est toujours la même. Les façades des bâtiments du centre-ville ont été ravalées sans tenir compte de la présence des nids de martinets. Car le martinet noir, espèce cavernicole et rupestre, s'installe dans les anfractuosités des bâtiments et revient chaque année dans le même nid. L'oiseau quitte l'Hexagone entre juillet et août pour migrer vers l'Afrique. De retour, prêt à nidifier, il peut trouver son nid condamné, rebouché à la suite de travaux de réfection. Il n'a donc d'autre choix que de s'installer à la sauvette, par exemple, comme cela arrive souvent, sous l'aération d'un toit. Dès les grandes chaleurs de l'été, quand le soleil frappe, les tuiles, la tôle ou les moellons deviennent vite brûlants. Pour échapper à la mort, les oisillons sautent alors dans le vide – ce que leur dicte leur instinct en cas de danger. S'ils ne sont pas prêts à être autonomes, ils chutent alors au sol, incapables de repartir.

La loi assure la protection de cette espèce. Le martinet noir ne peut pas être tué, ni son nid détruit, ni sa nichée déplacée. Mais qui s'en assure ? Aucune mesure administrative concrète dans le bâtiment ancien ou moderne n'est appliquée dans cette perspective. C'est pour ces raisons cumulées que la reproduction des martinets faiblit chaque année. L'oiseau a perdu 50 % de sa population en dix ans. Nous nous sommes alors inquiétés du sort des martinets en ville. Si la plus vieille association de protection de la faune de France, la LPO (Ligue pour la protection des oiseaux), accueille et soigne les jeunes oiseaux qu'on veut bien lui apporter, quelles mesures sont prises en amont pour empêcher l'hécatombe ?

Dans la ville de Strasbourg que nous habitons, la plus grande structure minérale existante est la cathédrale. Aux yeux des oiseaux, c'est un site naturel rupestre et cavernicole comme ils peuvent en trouver dans la nature. Autour de l'édifice voltigent plusieurs centaines de martinets. Un spectacle qui peut émouvoir bien au-delà du cercle des ornithologues. Mus par notre passion pour les oiseaux, nous avons décidé de savoir si des mesures avaient été prises pour eux, conformément à la loi.

PHOTO PAULINE BUGEON

Aux origines de notre passion

Fascinés par la nature et les animaux, nous réalisons des documentaires sur les femmes et les hommes qui s'engagent pour protéger la nature. Quand nos interlocuteurs cherchent à comprendre notre intérêt pour les oiseaux, nous leur racontons notre histoire, née de notre rencontre sentimentale, celle de deux amoureux du cinéma et des animaux. Nous avons d'abord été attirés par l'Afrique, ses paysages et sa faune. Nous avons voyagé à plusieurs reprises sur ce continent pour partir à la rencontre des grands mammifères. Seulement, quand le soleil atteint son zénith sous le tropique du Capricorne, mieux vaut rester à l'ombre. Contraints par la chaleur écrasante de midi, nous attendions la prochaine excursion, tels des cancres à l'école qui dès leur arrivée en classe ont les yeux fixés sur l'horloge murale pour voir arriver l'heure de la récréation. Mais parfois, nous prenions la voiture et des gourdes, avec l'espoir de voir quelque chose. Un jour, un léopard a traversé devant nous pour disparaître aussitôt dans les fourrés. Une apparition enchantée et rare. Mais généralement, ces excursions de la mi-journée se soldaient par des échecs cuisants. Nous attendions alors péniblement, dégoulinants de sueur, dépités de ne pas voir ceux que nous attendions tant.

Puis nous nous sommes dit que, finalement, nous n'attendions jamais vraiment seuls. Il y avait ces oiseaux qui nous entouraient et qui chantaient autour de nous. En les regardant de plus près, nous avons réalisé qu'ils étaient aussi beaux et dignes d'intérêt que les mammifères. Sauf que nous n'y connaissions rien ! Tant qu'à attendre, tant qu'à ne rien faire, tant qu'à vouloir observer la nature, autant apprendre à les connaître. C'est à cet instant précis que nous avons mis les pieds dans l'engrenage de l'ornithologie, ou plutôt du *birdwatching* comme disent nos voisins anglais. Et pour ceux qui ne sont encore jamais tombés amoureux des oiseaux, sachez que se faire piquer par la passion des oiseaux, c'est un peu comme attraper le paludisme, vous vous retrouvez avec des poussées de fièvre intermittentes. Vous êtes contaminés à vie !

Nous avons réellement pris conscience d'être « possédés » par les oiseaux lors de notre voyage en Casamance, région sénégalaise. Un ornithologue local nous guide alors dans la mangrove, pieds nus, à la recherche d'un héron goliath et ses deux mètres cinquante d'envergure. Alors que nous avançons dans l'eau claire, de petits cris aigus retiennent notre attention. Un large sourire nous traverse alors le visage. Nous sommes impatients de voir le bout de ses plumes... jusqu'à ce que notre guide nous apprenne qu'il ne s'agit pas d'oiseaux, mais de crocodiles du Nil, dont la zone est infestée. Nous réalisons le problème. Nous regardons autour de nous. Impossible

PHOTOS PAULINE BUGEON

de voir quoi que ce soit dans ces dédales verdoyants et obscurs. Le guide s'empresse d'ajouter que nous n'avons rien à craindre, car cette région est la seule d'Afrique où il n'y a plus eu d'attaque depuis longtemps sur l'homme. À ce moment-là, une foule de questions vous traverse l'esprit. Y a-t-il des statistiques, des chiffres ? Est-ce vraiment fiable comme information ? Évidemment, la réponse est non. La région a été en proie à des conflits armés pour l'indépendance pendant des décennies. Aucun chiffre n'existe.

La logique aurait voulu que l'on opère prudemment un demi-tour pour rejoindre la terre ferme. Seulement, au bout de la mangrove, un héron pourpré y a ses habitudes, que l'on peut observer à coup sûr. L'idée nous paraissait séduisante à tel point que nous avons choisi d'ignorer purement et simplement les crocodiles, pour aller voir l'oiseau espéré. Car, finalement, lui seul comptait ! Voilà le genre de circonstances où l'on réalise être atteint d'ornithofolie. Qu'importe le risque, seule la rencontre avec l'oiseau compte.

Mathieu et la cathédrale de Strasbourg

Alors que nous cherchions à en savoir plus sur les martinets noirs qui tournent autour de la cathédrale de Strasbourg, nous avons découvert, dans le magazine local *Strasbourg Eurométropole*, un article consacré à Mathieu Baud, chargé de conservation-restauration pour la Fondation de l'Œuvre Notre-Dame. Dans ce texte court, il racontait côtoyer des rapaces au quotidien sur la cathédrale. Nous avions découvert l'interlocuteur que nous cherchions.

Lors de notre rencontre, d'entrée, Mathieu se montre chaleureux et désireux de partager avec nous ses observations naturalistes sur la cathédrale. D'une voix calme, il évoque sans retenue sa passion pour la nature, son amour des rapaces tout comme son intérêt particulier pour les pigeons bisets. Des oiseaux particulièrement mal-aimés en raison des fientes qu'ils laissent sur le site. Des pigeons des villes pour lesquels il aimerait trouver une solution qui contenterait à la fois les détracteurs et les amis de ces oiseaux.

Lors de notre premier contact, Mathieu énumère déjà la liste des habitants du site. Leur nombre est époustouflant, pour une superficie d'à peine 6 000 m². Car aucune réserve naturelle ne concentre en un si petit espace autant d'oiseaux différents, nicheurs ou de passage ! Mathieu nous parle de faucons crécerelles, de faucons

© ÈRE PRODUCTION

pèlerins, d'éperviers, de chouettes effraies, de buses variables, et même de hiboux moyens-ducs ! Des affirmations qu'il confirme à l'appui de photos prises sur le site. Sa liste s'étend à de nombreux passereaux. Il va même jusqu'à nous parler de ses rencontres avec une fouine... sur les hauteurs de la cathédrale ! Pardon ? Une fouine sur la cathédrale ?

L'idée de documenter ensemble la présence des animaux sur le site est entendue avec Mathieu avant même la fin de cette première prise de contact. Nous ne sommes ni scientifiques, ni biologistes, mais amateurs de nature, et nous aimons partager nos découvertes. Nous tombons d'accord avec Mathieu pour lancer une étude sur la faune qui habite ce monument historique. Elle sera réalisée par nos soins, et nous la documenterons grâce à notre équipement : caméras et pièges photographiques. Le but : collecter des informations pour mieux connaître et aider la faune urbaine en révélant sa présence et en établissant les menaces qui pèsent sur elle.

Le projet d'en apprendre plus sur les martinets noirs en déclin prit donc une toute nouvelle tournure. Une direction excitante rendue possible par Mathieu qui nous ouvrira les portes et enrichira cette recherche avec ses connaissances encyclopédiques sur

© ÈRE PRODUCTION

PHOTO PAULINE BUGEON

la cathédrale et ses observations passées. Mathieu tient à ce que l'on aborde aussi les insectes et les végétaux, qu'il dit parties intégrantes de la cathédrale. Pour lui, l'édifice est un biotope comme il en existe partout dans la nature. C'est un espace minéral qui a sa propre logique et son propre fonctionnement. Sa remarque est approuvée immédiatement.

À peine sortis de notre rendez-vous avec Mathieu, nous comprenons que, selon nos trouvailles, notre ambition pourra être portée plus loin, avec un film documentaire qui suivrait les opérations et, pourquoi pas, un livre. Car partager la somme de ces découvertes peut aider à mieux connaître la faune urbaine et, au besoin, permettre d'adopter des mesures afin de la protéger. Nous décidons aussi qu'il nous faudra solliciter l'aide de spécialistes de la faune, afin d'en apprendre davantage.

Pour voir et découvrir un maximum d'espèces, nous avons posé des caméras pièges et surveillé les recoins de l'édifice sur la période 2020-2021. Nous avons tourné notre film, *Cathédrale sauvage* (Ère Production), de façon morcelée sur quatre mois, dans le but de voir aussi bien les oiseaux migrateurs que les sédentaires. Une opération parfois difficile, au vu de la taille de l'édifice et de la difficulté de s'y déplacer, et aussi du fait des températures et des intempéries. Sans compter que filmer la faune est terriblement chronophage, puisque les animaux ne viennent pas forcément quand on en a besoin. Mais nous avons réussi à capturer dans l'œil de la caméra ces petites vies qui parcourent la cathédrale, en veillant toujours à ne pas les déranger, car nous avions à cœur l'intérêt de ces animaux avant tout.

Après le recensement, les repérages et le tournage, nous avons travaillé sur ce livre, qui relate nos découvertes, nos expériences, et plus largement nos connaissances sur les espèces citées. Nous avons souhaité nous adjoindre les services d'un photographe spécialiste de la faune, Alain Mauviel, avec qui nous avions déjà collaboré pour un article paru dans *L'Oiseau magazine* en 2018, dans lequel nous faisions vivre aux lecteurs notre aventure ornithologique en Casamance. Ce passionné des oiseaux donne vie à nos textes, par le regard singulier qu'il réussit toujours à capturer au travers de ses objectifs.

PHOTO PAULINE BUGEON

Apus apus

Le martinet noir, une vie en vol

Nichées sur la cathédrale

Les nids des martinets sont souvent construits à même la pierre. Ils sont constitués de seulement quelques plumes et de morceaux de papier consolidés par de la salive, ce qui les rend difficilement visibles. Il a été délicat de les identifier lors de nos repérages, d'autant que nous utilisions de faibles sources de lumière pour ne pas déranger les oiseaux.

Les martinets nichent entre 20 et 66 mètres, soit entre la rosace et la plateforme touristique. On les retrouve sur la totalité du pourtour de la façade occidentale. Le martinet noir recherche les espaces confinés et cachés. Les trous de boulin disséminés sur toute la façade sont des sites avantageux pour nidifier. L'entrée de ces petites cavités de 15 cm sur 15 cm et profonds de 50 cm à 1 mètre, qui ont servi d'ancrage aux échafaudages en bois lors de la construction de la cathédrale, est rebouchée généralement d'un bouchon en pierre aux dimensions plus ou moins adaptées. Le martinet arrive à se faufiler dans l'espace entre la plaque et la façade. Derrière ces bouchons, l'oiseau trouve de petits volumes exigus oblongs. Des nichoirs façonnés par l'homme et « blindés » comme des coffres-forts qui assurent au martinet une protection efficace contre les prédateurs, dont le faucon crécerelle, qui peut, en période de disette, s'attaquer à la nichée.

Mais l'espace le plus apprécié de cet oiseau migrateur se situe dans les plafonds des tours du massif occidental. Il existe là quatre voûtes, dont seulement trois sont encore accessibles aux oiseaux. L'une ayant été condamnée pour empêcher les pigeons d'entrer, les martinets se sont vus indirectement expulsés d'un de leurs lieux de nidification, sans aucune mesure de remplacement. Plusieurs dizaines de martinets noirs nichent à l'intérieur de cette partie de l'édifice. Pour y accéder, l'oiseau n'a d'autre choix que d'emprunter les anciens trous qui, entre autres, servaient autrefois à passer les cordes en chanvre qui actionnaient les cloches. Ces trous, aujourd'hui inutilisés, font environ 6 centimètres de diamètre et 1 m de long.

Il faut s'imaginer l'oiseau arrivant à toute vitesse, plaquer ses longues ailes le long de son corps pour se faufiler dans ce trou et parvenir à en sortir un demi-mètre plus loin, afin d'accéder à son nid. Comment un oiseau peut-il maîtriser en vol un obstacle d'une telle complexité ? En partie grâce à ses grands yeux disproportionnés, qui lui permettent de voir avec une grande précision et de viser pour passer dans un trou minuscule. Quelques artisans de l'Œuvre Notre-Dame sur des chantiers ont déjà vu des martinets noirs rater leur entrée dans ces cavités. Dérangé au dernier instant par un autre oiseau, une ombre ou un bruit parasite, l'oiseau peut manquer l'ouverture dans le plafond ou le mur et percuter la construction de plein fouet. Il retombe aussitôt au sol. À ce moment-là, plus rien ne peut plus être tenté pour le sauver.

Nos observations

1. Des pièges vidéo ont été installés au printemps juste avant l'arrivée des oiseaux à Strasbourg. Nous les avons laissés en place jusqu'à la fin de la période de nidification. Les enregistrements réalisés entre avril et août 2021 démontrent que le temps pluvieux qui a marqué cette saison a poussé la plupart des parents à délaisser leur nichée pendant parfois plusieurs jours. Notamment en cas de mauvais temps, les parents peuvent effectuer de longues distances, jusqu'à 100 kilomètres, pour trouver des insectes et nourrir leur progéniture. Si les adultes partent trop longtemps, les petits entrent en léthargie : leur organisme ralentit pour les aider à survivre. Mais quand l'absence dure trop longtemps et que l'écart entre les becquées est trop important, les oisillons risquent de ne pas se réveiller. Nous avons constaté que le temps exécrable qui a sévi lors de la saison de reproduction de 2021 a causé la mort de plusieurs jeunes dans les nids que nous avons surveillés.

2. Le martinet est monogame. Sur les enregistrements vidéo, les couples font preuve d'une grande tendresse et de liens forts entre eux. Un des parents couve les œufs. Si l'autre parent est lui aussi au nid, ce dernier se colle souvent à son partenaire. Mais en général, les martinets se reposent peu et passent beaucoup de temps à faire leur toilette. C'est impressionnant de voir la tête d'un martinet tourner à 180° comme une chouette, ce qui lui est très utile pour nettoyer ses rectrices – les plumes de la queue – et évidemment ses rémiges – les longues plumes des ailes.

3. L'espèce est grégaire quand il s'agit de migrer, de chasser ou de dormir dans les airs, mais dès qu'il est au sol, le comportement du martinet noir diffère. Si les couples font preuve d'affection entre

eux, ils n'ont pas la même attention envers les intrus. Dès qu'un congénère approche du nid occupé, les parents réagissent vigoureusement. Mâle ou femelle attaquent l'intrus à coups de bec, à coups d'aile. Les bagarres finissent souvent en empoignades quand ils se servent de leurs griffes puissantes.

Reproduction

Du mois d'août au mois d'avril, le martinet noir vit dans le ciel. Il ne redescend sur la terre ferme que d'avril à juillet, pour nidifier. Il pond 1 à 3 œufs par an. La couvaison dure 20 jours et le nourrissage des oisillons s'étend jusqu'à 6 semaines. Les petits sont gavés jusqu'à faire un tiers de plus que leur poids normal pour favoriser la pousse des plumes et leur fournir le maximum d'énergie. Une nichée peut ingurgiter jusqu'à 20 000 insectes par jour ! À la fin de la période de gavage, les parents abandonnent leurs petits sans se retourner. Ils entament aussitôt leur migration de retour vers l'Afrique australe.

Un tel comportement peut sembler cruel à nos yeux, mais les martinets juvéniles disposent à ce moment de tous les atouts pour survivre. Poussés par la faim, ils s'élancent dans le vide pour effectuer leur toute première migration, sans personne pour les guider. Vers le mois d'août, sur les coursives de la cathédrale, il est possible de tomber nez à nez avec ces martinets juvéniles qui sortent de leurs nids pour exécuter leur premier saut dans le vide.

Une espèce urbaine

Avant l'avènement des civilisations et l'apparition des constructions en dur, le martinet noir, espèce rupestre et cavernicole, nichait par nature sur les escarpements rocheux et dans les anfractuosités des falaises. Fragilisé par ses pattes qui ne peuvent le porter, le martinet noir cherche à nidifier en hauteur, peut-être pour échapper à la prédation. Par la suite, l'oiseau a investi les parties hautes de nos habitations. Pendant longtemps, nos constructions en bois, en paille, en torchis et en pierres comprenaient suffisamment d'imperfections dans leur conception, de trous ou de failles pour que l'espèce puisse nicher. Bienveillant à l'égard de l'hirondelle, l'homme a peut-être étendu ce sentiment, consciemment ou non, à cette autre espèce qui lui ressemble.

Le martinet noir est l'oiseau le plus présent sur la cathédrale durant l'été, à la fois en nombre et au niveau sonore. On y compte plusieurs centaines d'individus. La cathédrale est un édifice essentiel à la survie de l'espèce à Strasbourg, lui offrant d'une part la possibilité de se reproduire en toute quiétude, et d'autre part une fraîcheur et un abri sûr en été, permettant aux jeunes de prendre leur envol décisif.

La grande menace

Outre la catastrophe climatique et les prédateurs, la menace principale qui pèse sur le martinet noir est la raréfaction de ses sites de nidification. Ces dernières années, les habitats traditionnels des campagnes, mais aussi des centres-villes historiques, connaissent une vague de rénovations, souvent dans un but touristique. Pendant les travaux, les trous sont systématiquement rebouchés et les failles grillagées pour empêcher les pigeons de s'installer, privant en même temps les martinets d'habitats. En l'absence de lieux de reproduction, l'espèce décline encore plus. Bien que la loi interdise

L'intérieur de la tour nord, l'un des lieux de nidification des martinets noirs.

formellement la destruction des lieux de nidification du martinet noir, ils ne sont presque jamais pris en compte dans les rénovations d'édifices.

Migration

L'air est son élément. Il n'est donc pas surprenant qu'il effectue des distances considérables entre son lieu d'hivernage, l'Afrique australe, et son lieu de reproduction, situé dans l'ouest, le sud et le nord de l'Europe. Lors des migrations, le martinet noir rejoint des groupes de plusieurs milliers d'individus. Ensemble, ils suivent une route qu'ils peuvent modifier par des détours de plusieurs milliers de kilomètres pour esquiver des intempéries. Le martinet noir va alors suivre les cours d'eau, car ce sont des milieux qui favorisent la présence des insectes, leurs proies.

Identification

La robe du martinet est intégralement noire, à l'exception d'une ombre blanche qui remonte sous son bec. Il possède de grands yeux noirs posés sur une grosse tête qui semble privée de cou et vissée sur le corps. Ses yeux sont adaptés à la chasse aux petits insectes. Sa tête peut effectuer une rotation à 180°. Il a un bec très court qui lui donne des faux airs de petit rapace. De longues ailes en arc de cercle lui assurent une silhouette aérodynamique optimisée pour la voltige. Un avantage qu'il doit aussi à ses rémiges particulièrement longues, qui lui permettent un contrôle précis de son vol. Le martinet noir est physiologiquement conçu pour vivre dans les airs. Si son vol oscille entre 50 et 100 km/h, il est capable d'exécuter des pointes à près de 200 km/h pendant plusieurs secondes. Les passages rapides et bruyants de martinets noirs dans le ciel sont difficiles à ignorer.

Faux ami

À Strasbourg, sur la place de la Cathédrale, la plupart des passants avec qui nous avons échangé pensaient que les oiseaux noirs dans le ciel étaient des hirondelles. En vol, le martinet noir est souvent confondu avec l'hirondelle, dont la silhouette est semblable avec ses ailes en faux et sa queue fourchue. Si les deux oiseaux ont la même taille, ils n'ont pas la même envergure ni le même poids, puisque le martinet pèse deux fois plus que l'hirondelle. Les deux oiseaux ne volent pas non plus de la même manière. Contrairement à une idée reçue, le martinet noir est proche de la famille de l'engoulevent et du colibri.

Économie de plumes

Le martinet est le seul oiseau fréquentant la cathédrale qui ne laisse pas de plume derrière lui. Et pour cause, il mue lentement, contrairement aux autres espèces, et ne perd qu'une plume après l'autre. Il est si dépendant du vol qu'il ne peut se permettre de perdre plus d'une plume à la fois.

Génétiquement conçu pour vivre dans les airs

Sa biologie est unique. Le martinet noir est capable de boire, manger, dormir, et même de s'accoupler en vol. Dès la sortie du nid, il se lance dans le ciel pour deux ans, sans jamais se poser sur terre. Un premier voyage très long, qui s'achèvera quand il atteindra sa maturité sexuelle. C'est seulement une fois adulte qu'il retournera se poser sur la terre ferme, ou plutôt se suspendre, voire ramper. Car si l'oiseau a des doigts forts pour s'accrocher, ses pattes, elles, sont privées de toutes forces. Il ne peut se déplacer que sur le ventre, en bougeant son corps et ses ailes, et en tirant sur ses doigts. Nos pièges vidéo montrent l'oiseau se déplaçant rapidement sur le sol en se dandinant et en s'appuyant sur ses ailes, un brin maladroit. Il est au contraire très à l'aise et agile en vol ou accroché aux parois.

Nous n'avons observé aucun martinet en sommeil sur la cathédrale. Du moins, les caméras n'ont rien révélé qui s'apparente à un sommeil profond. La science en est encore à des suppositions sur le sommeil de cet oiseau. Il a été observé que le martinet monte très haut, jusqu'à 2 000 mètres, se rassemblant avec ses congénères pour dormir. Ils se lancent en groupe dans des ascendances thermiques à l'intérieur desquelles ils battent des ailes quelques secondes puis se laissent planer en descendant, dormant quelques secondes.

Chant

En été, que ce soit à Strasbourg sur la place de la Cathédrale ou dans d'autres villes d'Europe, il est difficile d'ignorer le long sifflement strident du martinet noir qui traverse le ciel. On ne peut pas vraiment parler de chant, il crie, ou plutôt siffle généreusement, quand il retrouve d'autres membres de son espèce ou qu'il chasse en groupe.

Comme une baleine échouée sur le sable

Parce que ses pattes ne peuvent pas le porter, le martinet échoué au sol ne peut pas repartir. C'est du moins ce que l'on a longtemps cru. Si le terrain n'est pas dégagé, s'il y a des obstacles sur son chemin, l'oiseau au sol, invalidé par ses pattes, a effectivement du mal à redécoller. Mais si le sol est dégagé et que l'oiseau n'est pas blessé, il lui suffit de donner un coup d'aile pour bondir en l'air et partir dans une accélération. Le martinet à terre est gauche, mais pas sans ressource.

Alimentation

L'oiseau se nourrit de coléoptères et d'hyménoptères, mais surtout de diptères. Ces insectes qui ne possèdent qu'une paire d'ailes volent souvent en groupes, qu'on appelle communément plancton aérien. Ce sont ces essaims de moucherons qui, portés par le vent parfois jusqu'à de très hautes altitudes, constituent une bonne part de l'alimentation des martinets. De la place de la Cathédrale jusqu'à la flèche, il est possible d'observer ces nuages grouillant de minuscules insectes qui attirent les martinets noirs. On peut alors assister à des spectacles semblables à ceux observables en pleine mer où des bancs de sardines sont attaqués par des super-prédateurs comme les thons rouges. Le bec court et en forme d'entonnoir du martinet lui permet d'attraper une multitude d'insectes volants en un passage. En période de reproduction, pour ses petits, le martinet emmagasine les proies dans son jabot, où il les transforme avec sa salive en boules gluantes. Chacune peut contenir des milliers d'insectes agglutinés. On parle de plusieurs centaines d'espèces différentes dans une seule boulette ! Une balle d'énergie qu'ils stockent dans un sac guttural (situé dans la gorge) en vue de la régurgiter aux oisillons dans le nid.

Des parasites rois de la voltige

Dans le cadre du recensement, le photographe Alain Mauviel était à l'affût début juin 2022 sur la plateforme, penché au-dessus du vide, pour capturer des passages de martinets dans les trous de boulin situés en dessous de la plateforme, où nidifient des couples. Nous espérions aussi pouvoir photographier l'anapère pâle, un parasite qui grouille en nombre dans le nid de l'oiseau, et même sur sa nichée. Les martinets sont des oiseaux particulièrement difficiles à photographier en vol. Ils naviguent de façon non linéaire et à très grande vitesse. Pourtant, depuis son affût surélevé, Alain est parvenu à capturer des martinets en vol, un exploit qui nous a permis de constater la présence du parasite sur son hôte.

L'anapère pâle mesure 6 à 8 millimètres, voire jusqu'à 10 millimètres quand elle a pompé assez de sang. Car ce parasite vampirise l'oiseau. De forme plate, il possède de solides crochets au bout de ses pattes, deux attributs qui lui permettent de se faufiler dans le plumage du martinet et de s'y accrocher. Plusieurs dizaines de ces insectes peuvent coloniser en même temps un seul martinet.

Dans les nids de la cathédrale, nous avons pu voir les oisillons assaillis par ce parasite. Il est difficile de ne pas compatir à la souffrance que les anapères leur infligent. Si la quantité de sang pompée est assez importante, des études ont démontré que ce vampirisme était sans incidence sur leur santé.

Il est intéressant de noter que ces parasites ne migrent pas avec les martinets noirs. Nous en avons découvert certains, errant sur les balconnets, faibles. Car leur vie est des plus éphémère ; elle correspond à la période de reproduction du martinet. Génétiquement coordonnés, les parasites n'éclosent qu'au moment de l'arrivée des martinets, pour atteindre leur taille adulte une fois que l'œuf du martinet éclot. Ce fantastique phénomène biologique est mis à mal par la catastrophe climatique, qui décale brutalement l'arrivée des oiseaux et les éclosions d'insectes. Il est difficile toutefois de savoir si la survie du parasite est actuellement en péril.

Falco peregrinus

Le faucon pèlerin, le maître des lieux

La première rencontre

Une silhouette en T glisse dans le ciel strasbourgeois pour disparaître derrière la flèche de la cathédrale et ne plus réapparaître. Cela ne fait aucun doute, un faucon pèlerin vient de se poser sur le site. Mathieu Baud nous invite à sortir du sentier touristique et à monter au-delà des 66 mètres de la plateforme touristique. Il connaît les habitudes des oiseaux de la cathédrale et pense avoir une idée de l'endroit où se trouve le faucon. Il faut être discret et avancer lentement. Mais avant d'atteindre le lieu désigné, nous devons emprunter des passages étroits et torturés. Grimper ces escaliers abrupts accélère le rythme cardiaque plus vite qu'on ne l'imagine. Il faut régulièrement glisser la tête par les ouvertures au-dessus du vide pour tenter d'observer l'oiseau, ce qui déclenche une ivresse des plus pénibles. Dans les escaliers déjà, les premiers indices de sa présence sont des cadavres... des squelettes d'ailes de pigeons, nettoyées de l'humérus jusqu'au doigt, retenues entre elles par les omoplates. La signature du faucon pèlerin.

Arrivés aux 100 mètres de la tour évidée en son centre et cernée de coursives exiguës et de balcons, il faut avancer pas à pas. Le pèlerin possède un détecteur de mouvement naturel ultra-performant, puisque son cerveau reçoit près de trois fois plus d'images à la seconde que le nôtre. Des aptitudes développées pour la chasse en vol. Le rapace repère donc tout mouvement suspect. Impossible d'échapper à sa vigilance et de tenter de le surprendre.

Après de longues minutes à scruter le moindre élément architectural qui compose cette flèche monumentale, nous repérons enfin la présence du pèlerin, par des plumes arrachées qui virevoltent au vent. Il est en train de déplumer une proie. Il n'y a plus qu'à suivre sa trace. Ça y est, il est là, à une dizaine de mètres au-dessus de nous. L'identité de ce rapace ne peut être confondue. Il est coiffé d'un casque descendant sur la tête avec de larges moustaches noires, réparties de chaque côté d'une cire jaune et d'un bec court recourbé vers le bas, bleu et noir à la pointe. L'angle nous cache la majeure partie de son corps et de sa proie. Il déchiquette la chair pour l'arracher à l'os. Étrangement, il ne semble pas gêné par notre présence. Nous restons alors plantés là, nous sentant privilégiés de pouvoir l'observer de si près, ébahis de joie. Il s'agit d'un spécimen assez imposant, certainement une femelle. Ce faucon semble en bonne

santé et familier des lieux. En chuchotant, Mathieu nous confie rencontrer très régulièrement des pèlerins, il lui arrive même d'en observer plusieurs à la fois. Notre présence insistante finit par irriter le rapace, qui pousse alors de longs cris démonstratifs et bruyants pour nous faire déguerpir. Nous grappillons quelques secondes de contemplation de l'auguste apparition. Grosse erreur. Emporté par un coup de sang, le faucon s'éloigne dans un claquement d'ailes et de longs cris traînants marquant son agacement.

Puissant, mais pas le plus fort pour autant

Avec une envergure de 95 à 115 cm, le faucon pèlerin est un des plus grands faucons de France, mais il n'est pas tout en haut de la chaîne alimentaire. Le grand-duc d'Europe lui dispute sans mal ce titre dans l'Hexagone. Un hibou charpenté et puissant qui s'offre même le luxe de chasser le pèlerin et de le manger ! Un super-prédateur qui, avant l'effondrement de ses effectifs, permettait aussi de réguler la population des rapaces sur un territoire. La nature est bien faite.

Parade amoureuse sur Notre-Dame de Strasbourg

Le mois de février 2021 avait été particulièrement pluvieux. Les apparitions du pèlerin se faisaient rares. Le recensement était au ralenti. Quand, un jour, le ciel se dégagea. Le soleil qui brillait depuis son apparition donnait toute sa puissance.

Peu avant midi, des claquements légers parcourent le site. De petits bruits qu'échangent les faucons pèlerins en période nuptiale et qui traduisent une excitation. Deux faucons surgissent sous nos yeux, pour filer le long de la cathédrale et s'engager dans une série de loopings amoureux. Ils prennent soudainement de l'altitude et se laissent tomber dans un piqué vertigineux, juste sous nos yeux. Ils tombent en tournoyant sur eux-mêmes, ailes à demi repliées. Les deux rapaces se séparent au dernier instant et reprennent leur vol. Quelle émotion ! Une apparition enchantée sur ce décor de grès, à jamais gravée dans nos mémoires. Un moment de poésie que seule la nature peut offrir, nous faisant le privilège de l'observer en plein centre-ville.

Installation de pièges vidéo

Des pièges photo et vidéo ont été disposés sur le site dans le but d'observer de près les oiseaux, et en particulier les faucons pèlerins. La cathédrale étant un labyrinthe de pierres avec ses sculptures en ronde-bosse et escaliers en colimaçon, nous les avons positionnés selon trois critères : les endroits où Mathieu avait observé le faucon régulièrement ; face aux traces de déjections blanchâtres laissées par ce rapace ; à proximité de pelotes de réjection, qui permettent d'identifier leur présence.

On trouve régulièrement de telles pelotes sur la cathédrale. La pelote régurgitée mesure 1,5 cm de diamètre. Contrairement à la chouette qui gobe sa proie, le pèlerin la déchiquette et avale des morceaux d'os. Tous ces débris avalés qui ne peuvent être digérés s'accumulent dans l'estomac et, avec les plumes, forment des pelotes compactes.

L'installation des pièges vidéo s'est concentrée sur la haute tour octogonale ainsi que la tour Klotz, là où l'on retrouve le plus de déjections et de pelotes.

Les tendances du pèlerin révélées par les pièges vidéo

Les vidéos prises du faucon pèlerin se sont avérées extrêmement nombreuses et, surtout, quotidiennes ! Selon la période de l'année, les faucons pèlerins sont plusieurs à fréquenter le site. Mais l'individu le plus présent sur la cathédrale est une femelle surnommée Plume blanche. Elle doit son nom à une anomalie génétique, une plume blanche, sur son aile droite. Cette femelle imposante et bien portante est une hivernante présente depuis des années sur le site de la cathédrale, mais sans s'y reproduire.

Les observations que nous avons faites ainsi que les vidéos des pièges établissent que Plume blanche disparaît de la cathédrale vers le milieu du mois d'avril, approximativement à la période où une femelle pèlerin débute sa ponte. Il est possible que notre femelle s'accouple avec l'un des tiercelets qui s'aventurent sur la cathédrale à partir de janvier. Mais il est plus probable qu'elle rencontre des mâles sur d'autres sites de nidification. Les femelles peuvent changer de site et de partenaire d'une année à l'autre. Nous avons pu constater que Plume blanche réapparaît de manière régulière à la fin de l'été.

PHOTOS PAULINE BUGEON

Sur les traces du faucon pèlerin

En haut, pelote de réjection.

En bas, cadavre de bécasse des bois
et patte de poule d'eau laissés par le faucon pèlerin.

Page de droite, touffe de plumes arrachée
par le faucon pèlerin à sa proie.

Les vidéos ont aussi révélé qu'elle passe la majorité de son temps à 100 mètres de hauteur, sur la main courante, les balustrades et les boutons de la flèche. Les enregistrements montrent qu'elle est très présente la nuit, et que sa présence est plus aléatoire en journée, où elle aime se poser tout en haut de la croix de la flèche, à 142 mètres, la pointe de la cathédrale.

Le cas de la bécasse des bois

Le faucon pèlerin se nourrit en ville de pigeons domestiques. Parfois, il peut chasser de la mouette et du pigeon ramier, ou encore des bécasses des bois, dont nous avons retrouvé plusieurs squelettes sur les hauteurs de l'édifice.

Il s'agit d'un petit échassier extrêmement craintif. Il migre de nuit et en groupe. C'est un oiseau très léger capable d'un vol battu particulièrement rapide, avec une moyenne de 90 à 100 km/h. Bâti pour la fuite, il possède une excellente vision, avec un angle de 360 degrés. L'attaque du pèlerin ne peut donc se faire que par derrière, dans l'angle mort restreint de la queue de la proie. Si le pèlerin peut atteindre 350 km/h et plus en piqué, il se montre

beaucoup moins rapide en vol battu, avec une vitesse de croisière de 60 km/h. Pour rattraper une proie aussi véloce que la bécasse des bois, il fournit un effort intense et joue sur l'effet de surprise. Le faucon de la cathédrale a un avantage sur la bécasse : l'embuscade. Positionné tout en hauteur, le faucon attend le passage de son repas pour se lancer dans le vide à toute vitesse. Il buffette sa proie, c'est-à-dire qu'il la saisit au vol par les serres tendues en avant. Le choc la tue sur le coup.

Pendant la période de migration, Mathieu est déjà tombé nez à nez avec trois bécasses fraîchement tuées, alignées les unes à côté des autres, sur la terminaison d'un des quatre escaliers qui jouxtent la haute tour octogonale. Un lieu qui sert de garde-manger au faucon.

Le pèlerin, physionomiste ?

Dans le cadre de notre recensement, bien que nos expéditions se soient déroulées le plus discrètement possible pour pouvoir observer des animaux sans les déranger, le pèlerin nous a toujours repérés, avec sa vue trois fois supérieure à la nôtre. Le faucon

Mathieu Baud et Cédric Chambin vérifient le nichoir à faucon pèlerin avant sa pose tout en haut de la flèche.
PHOTO PAULINE BUGEON

pèlerin repère le moindre pas empoté d'un être humain. Quand vous découvrez sa présence, il vous a déjà à l'œil depuis un moment. Il se garde de se signaler. À ce stade de la rencontre, le faucon se lance dans une série de cris souvent territoriaux en signe d'avertissement. Si nous ne rebroussions pas chemin, il filait en criant.

Nous avons rencontré Plume blanche des dizaines de fois sur les hauteurs du site. Nous pouvons dire que nous nous connaissons de vue, d'une certaine façon ! La femelle possède plusieurs lieux de prédilection dans la ville, que nous avons repérés. Des sites où elle chasse le pigeon domestique. L'un d'eux est l'église catholique Saint-Pierre-le-Jeune, située à un kilomètre à vol d'oiseau de la cathédrale. Il nous est arrivé de passer au pied de cet édifice et de nous faire cueillir par le hurlement énervé de « notre » faucon, perché sur les hauteurs. Se souvenait-elle de nous ? À en juger par les cris qui accompagnaient notre passage, c'est fort possible, même s'il est difficile d'être catégorique. Il nous plaît toutefois de penser qu'au regard de cette expérience répétée plusieurs fois en peu de temps, le faucon pèlerin – du moins Plume blanche – est un oiseau particulièrement physionomiste... et extrêmement rancunier !

Un nichoir pour le pèlerin

Pendant notre tournage, un nichoir à faucon pèlerin a été installé dans la flèche de la cathédrale. Cette décision est le résultat de la collaboration de plusieurs acteurs responsables du site et des artisans de la Fondation de l'Œuvre Notre-Dame. L'installation a été supervisée par Olivier Steck, responsable des rapaces à Strasbourg (LPO). Ce lieu devait être protégé des passages des hommes pendant la période d'accouplement et de reproduction de l'oiseau, au risque de le faire fuir pour toute la saison, le pèlerin étant extrêmement sensible à la présence humaine à cette période. Ainsi, la Fondation de l'Œuvre Notre-Dame a placé des panneaux informant de la nécessité de ne pas monter à cet endroit précis entre mars et juillet, et d'emprunter un cheminement différent en cas de nécessité absolue.

Malheureusement, les caméras pièges ont révélé que non seulement des agents de l'administration, pour des besoins professionnels, empruntaient ces passages défendus, mais que de nombreux aventuriers de la nuit grimpaient sur le site par défi pour se prendre en photo au sommet, dans le but de s'afficher sur les réseaux sociaux. Tout cela au moment le plus critique pour l'installation du pèlerin. En cas de dérangement, un couple de faucons abandonne sa nichée plutôt que de s'exposer à un danger. C'est une perte irremplaçable pour la biodiversité. À cause de ces visites, le pèlerin n'a pas nidifié dans le nichoir depuis son installation en 2021.

Un site de choix pour entraîner les jeunes à chasser

La tour de chimie, un bâtiment laissé en partie à l'abandon, est le point le plus haut du campus universitaire de Strasbourg, à moins de 2 kilomètres de la cathédrale. Il s'agit du premier site urbain de France à avoir été réinvesti par le faucon pèlerin. La LPO, conjointement avec l'Université de Strasbourg, y a installé un nichoir en 2010. Chaque année, au début de l'été, une fois que les jeunes savent voler, les parents les emmènent vers la cathédrale, d'où ils apprennent à chasser. On peut entendre leurs cris tout au long de l'été sur l'édifice.

Nichoir à faucon pèlerin, sur la tour de chimie à Strasbourg.
PHOTO PAULINE BUGEON

© ÈRE PRODUCTION

Olivier Steck

Coordinateur du suivi des faucons pèlerins en plaine, bénévole (LPO)

« En Alsace comme partout ailleurs, les effectifs de faucons pèlerins avaient dramatiquement chuté dans les années 1970 en raison de l'intoxication massive par les pesticides et des dérangements humains (dénichages, tirs). Suite à une réglementation plus stricte de l'usage des pesticides, au classement de tous les rapaces en "espèces protégées" et à l'implication des associations de protection pour surveiller les sites de nidification, les effectifs ont lentement remonté.

Après avoir recolonisé les sites rupestres des Vosges, le faucon pèlerin a commencé à nicher en dehors du massif. La première nidification en plaine a eu lieu sur un silo agricole en 1999 et la première nidification urbaine a eu lieu en 2000 sur la tour de chimie à Strasbourg.

Actuellement, l'effectif alsacien est d'environ 50 couples, dont une quinzaine en plaine. Cet effectif reste fragile. Si la population en plaine est en légère croissance, il n'en est pas de même dans les Vosges, où les effectifs sont à nouveau en baisse. La pression croissante des activités de loisirs provoque l'abandon de certaines nidifications. L'utilisation toujours massive de produits phytosanitaires en agriculture entraîne le déclin des oiseaux de proie.

Sur l'Eurométropole de Strasbourg, il y a actuellement 8 couples nicheurs dont 5 bénéficient de nichoirs installés par la LPO Alsace. À ces couples nicheurs s'ajoutent les immatures et les adultes non encore appariés. Ceux-ci étant erratiques (non cantonnés sur un territoire), il est difficile d'estimer leur nombre.

Depuis quelques années, on constate un engouement pour l'installation de nichoirs à faucon pèlerin. Le prestige de ce rapace, son régime alimentaire basé en grande partie sur les pigeons en milieu urbain, ainsi que la volonté des pouvoirs publics et privés de se donner une image "écoresponsable" font que de nombreux nichoirs sont installés. Malheureusement, certaines installations ne sont pas réalisées correctement. Le nichoir doit être adapté à l'espèce, il ne doit pas être installé n'importe où. Les faucons pèlerins étant des oiseaux très territoriaux, la multiplication des nichoirs peut perturber les équilibres naturels.

Les faucons pèlerins choisissent d'eux-mêmes leur territoire en fonction de la nourriture disponible et de la tranquillité des points hauts des édifices. Ils investissent d'eux-mêmes les villes s'ils y trouvent des conditions favorables. Il n'est pas nécessaire de les attirer. Les seules mesures dont ils ont besoin sont d'assurer la tranquillité des sites de nidification et d'installer, éventuellement, un nichoir si l'aire choisie ne permet pas la réussite de la couvaison.

La LPO Alsace, forte de son expérience en la matière, peut prodiguer des conseils ou fournir le nichoir quand l'installation s'avère pertinente. Il est indispensable de prévoir alors un suivi et un entretien réguliers. »

Apis mellifera

L'abeille domestique, insecte apprivoisé

L'insecte protégé

Lors de nos repérages et recensements sur la cathédrale, nous avons cherché la présence des insectes. Quand nous avons demandé à Mathieu Baud s'il savait où nous pouvions en filmer, il nous a fait signe de le suivre, sans plus d'explication. Nous voilà embarqués à travers le dédale de coursives et d'escaliers de l'édifice, jusqu'à la tour Klotz, qui se situe à la croisée du transept. Là, nous nous retrouvons face à un échafaudage utilisé par les artisans pour effectuer leurs restaurations. Mathieu désigne du doigt un trou de boulin. Médusés, nous regardons ce carré de pierre totalement colonisé par des abeilles très actives, qui décollent et atterrissent dans un va-et-vient incessant. Autour de la piste de décollage, les artisans s'affairent à leurs travaux, sans réelle inquiétude et même avec une certaine bienveillance. Il s'agit d'abeilles domestiques échappées de ruches apicoles, donc exploitées, qui ont reconstruit ici, sur la cathédrale, une colonie naturelle. Il existe des installations sauvages semblables un peu partout sur le site.

Les abeilles sont essentielles à la biodiversité pour leurs qualités de pollinisatrices. Mais leurs effectifs sont en déclin ces dernières années. En cause, les pratiques agricoles industrielles, notamment l'utilisation de pesticides et herbicides, dont les néonicotinoïdes et le glyphosate.

Une nouvelle maison

Il y a quelques années, les responsables religieux de la cathédrale ont pris la décision d'installer des ruches artificielles sur l'édifice. Andreï Melnikov, apiculteur de l'association Aquaterre, s'est chargé de l'installation et du suivi. Lorsque les artisans doivent effectuer des travaux de conservation-restauration aux endroits où des essaims se sont installés, l'association intervient régulièrement en vue de les déplacer. Afin de s'assurer que les abeilles ne soient pas dérangées et de permettre aux artisans de travailler, l'association déplace ces abeilles avec la plus grande délicatesse dans les ruches artificielles, sur la toiture de la chapelle Saint-Jean, au pied de la tour Klotz.

© CÉDRIC CHAMBIN

Andreï Melnikov

Apiculteur de la cathédrale

« Notre association a installé 4 ruches sur la cathédrale de Strasbourg : 3 sur lesquelles on récolte le miel, et qui abritent chacune de 50 000 à 70 000 abeilles noires ; la quatrième ruche est destinée à la renaturation, dans le but de rendre l'abeille plus rustique, plus autonome, qu'elle arrive à gérer ses stocks sans l'homme. On a aussi installé des pièges à essaim, des ruchettes garnies de cadres, qui sont destinées à accueillir progressivement les abeilles qui essaiment des trous de boulin. Les abeilles sauvages de la cathédrale vivent sans l'assistance de l'homme, sans traitement chimique, elles sont là chaque année. Aujourd'hui, on estime que les abeilles ne sont plus sauvages, mais domestiques. Nous souhaitons donc protéger ces colonies qui se sont installées dans les trous de boulin.

Les abeilles qui vivent ici, en plein centre-ville, se nourrissent dès le printemps de la floraison de toutes les petites fleurs de la ville. Elles volent dans un périmètre de 3 km autour de la cathédrale. Elles vont jusqu'au parc de l'Orangerie ou au parc de la Citadelle. Il y a des tilleuls et des acacias le long de l'Ill, donc elles trouvent de quoi butiner.

Les abeilles sont des insectes formidables, jusqu'à leur venin. Avant la médecine moderne, les gens utilisaient le venin d'abeille et d'autres produits de la ruche pour se soigner. Ça marche très bien ! »

Gravures extraites des *Figures pour l'histoire des quadrupèdes* de Buffon, 1760.
Dessins de Buvée L'Ameriquain.
BNF

Chiroptera

Les chauves-souris, danseuses nocturnes

Les chiroptères et la cathédrale, une relation complexe

Selon les études de Ferdinand Reiber datant de 1882, trois espèces de chauves-souris étaient présentes sur la cathédrale. On peut supposer qu'elles ont continué à venir sur l'édifice année après année, car aucune modification particulière n'a été apportée au bâtiment. Mais dans les années 1960 à 1980, la chimie a fait son entrée dans l'entretien des monuments historiques. C'est le cas du xylophène, qui sert à traiter les charpentes. Un produit qui contient du pentachlorophénol, une molécule particulièrement destructrice qui annihile toute forme de vie, à commencer par les insectes visés, tuant indistinctement vers de bois comme papillons de nuit.

Ce produit très utilisé en France a également été appliqué sur les charpentes de la cathédrale de Strasbourg, tuant toute forme de vie sur son passage... et chassant les chauves-souris des lieux. Quelques années plus tard, des études ont démontré la toxicité extrême de ces composants chimiques sur la santé humaine à court ou long terme.

Les espèces de chauves-souris que l'on rencontre le plus dans les greniers des monuments religieux d'Alsace sont les oreillards (*Plecotus austriacus*) et les grands murins (*Myotis myotis*). Peut-être ces deux espèces étaient-elles déjà observées par Ferdinand Reiber sur la cathédrale ?

Aujourd'hui, nos recherches ne nous ont permis de voir qu'une seule espèce, la plus petite chauve-souris de l'Hexagone, la pipistrelle. En Alsace, on retrouve quatre espèces : la pipistrelle commune (*Pipistrellus pipistrellus*), la pipistrelle pygmée (*Pipistrellus pygmaeus*), la pipistrelle de Kuhl (*Pipistrellus kuhlii*) et la pipistrelle de Nathusius (*Pipistrellus nathusii*). Elles sont impossibles à différencier sans détecteur à ultrasons et analyse de la fréquence sonore par un chiroptérologue. Nous parlerons donc de « pipistrelle ».

Observation du ballet

Au printemps, à la tombée de la nuit, on peut aisément observer depuis le parterre de l'édifice les pipistrelles virevolter au-dessus de la plateforme et tout autour du beffroi. On en repère jusqu'à la tour Klotz. On peut voir la pipistrelle faire des va-et-vient sur un chemin imaginaire tracé dans le ciel qu'elle emprunte inlassablement dans un sens puis dans l'autre. Un site de chasse qu'elles partagent avec leurs congénères. Les pipistrelles ont la particularité de sortir avant les autres espèces de chiroptères, soit un quart d'heure avant la disparition totale du soleil à l'horizon, alors que le ciel est encore clair. Il est donc facile de les voir.

Une popularité en hausse

Les hommes ont inventé de nombreuses superstitions autour des chauves-souris. Contrairement à l'Asie et l'Inde, où les chiroptères sont plutôt synonymes de chance, en Europe, elles sont associées à la sorcellerie et au mauvais présage : les clouer à sa porte éloigne les sorcières ; si elles survolent trois fois de suite votre maison, un grand malheur vous arrivera ; si l'une d'entre elles vole près de vous, cela signifie qu'on vous a trahi ou ensorcelé... En plus de cela, la couleur noire d'un animal a toujours été associée à la sorcellerie. Exemple d'une croyance tenace, aujourd'hui encore : les chats noirs sont ceux qui sont les moins adoptés des refuges. Bien que mal partie, la réputation de la chauve-souris a évolué positivement ces dernières années. Les découvertes et connaissances scientifiques sur ce mammifère volant ont été très largement diffusées par les livres, magazines et films documentaires. Lors du recensement de la faune que nous avons effectué, nous avons eu la chance d'observer une pipistrelle à l'intérieur même de la nef. Ce jour-là, c'est la réaction des visiteurs qui nous a le plus surpris. Le public s'est

arrêté à la vue de l'animal posé à hauteur d'homme, créant un mini-embouteillage. Les visiteurs ont unanimement fondu d'admiration devant cette minuscule créature venue se reposer un instant dans la cathédrale Notre-Dame. Probablement fatiguée par la chasse aux insectes, elle s'est mise à bâiller, déclenchant un râle d'attendrissement parmi les spectateurs.

Il existe bien sûr encore des détracteurs qui voient l'animal d'un mauvais œil, du fait du manque d'information et de craintes excessives quant à d'éventuelles transmissions de maladie. Heureusement, les chiroptères ont un atout de taille : elles sont strictement protégées par plusieurs textes juridiques internationaux, européens et nationaux, interdisant toute dégradation de leur habitat ou de leur lieu de repos, ainsi que leur capture et leur destruction.

Lisa Thiriet

Chargée de mission chiroptères pour le GEPMA (Groupe d'Étude et de Protection des Mammifères d'Alsace)

« Il y a 34 espèces de chauves-souris en France, dont 24 en Alsace. En ville, on trouve surtout des espèces anthropophiles, qui sont adaptées au milieu urbain. Elles parviennent à se nourrir et à se loger. En outre, elles ne craignent pas la lumière, donc elles ne sont pas lucifuges. Si on peut voir parfois des individus isolés, qui se reposent momentanément, les femelles de chiroptères vivent et dorment en groupe : on parle alors de colonie. Comme les mammifères marins, les chiroptères se déplacent par sonar, c'est ce qu'on appelle l'écholocation ou écholocalisation.

Toutes les chauves-souris de métropole sont protégées par une loi de 2007. Il est interdit de les tuer, de détruire leur habitat ou d'entraver leur cycle biologique. Il est très difficile de connaître exactement les effectifs de chauves-souris, mais on sait que la plupart d'entre elles subissent un déclin de leur population depuis plusieurs années. Les raisons sont multiples : la rénovation énergétique des bâtiments qui détruit leurs gîtes, les barotraumatismes liés aux éoliennes qui provoquent des hémorragies internes, l'utilisation de produits phytosanitaires, l'éclairage nocturne et l'expansion urbaine. Certains villages sont engagés et éteignent leur éclairage nocturne pour protéger les chiroptères.

À Strasbourg, on estime que six espèces gîtent dans le bâti : les pipistrelles dites pygmée, commune, et de Kuhl, la sérotine commune, l'oreillard gris et la noctule de Leisler. On peut aussi voir d'autres espèces en ville, mais ces six espèces sont les plus représentées.

Certaines vont nicher dans les combles, c'est le cas de l'oreillard gris et de la plus grande chauve-souris d'Alsace, le grand murin, qui pèse entre 25 et 40 grammes. En comparaison, la pipistrelle commune pèse en moyenne 4 grammes. On trouve ces deux espèces dans les greniers, car elles aiment se suspendre aux poutres. Les pipistrelles et la sérotine commune, elles, vont plutôt se cacher sous les tuiles ou dans des anfractuosités, car elles sont fissuricoles.

Malheureusement, les gens craignent majoritairement les chauves-souris. Il existe encore aujourd'hui beaucoup de croyances autour de cet animal. On m'a déjà assuré que les chauves-souris sucent le sang, qu'elles s'accrochent aux cheveux, et que leur urine brûle la peau, rend chauve, aveugle même !

Il existe plusieurs milliers d'espèces de chauves-souris dans le monde, dont trois sont hématophages : deux se nourrissent du sang des oiseaux, et le vampire commun du sang de mammifères d'élevage. Elles prélèvent la même dose qu'un insecte. On les trouve en Amérique latine, donc très loin de la métropole... Quant au mythe de la chauve-souris qui s'accroche dans les cheveux, c'était en fait une façon de dissuader les jeunes filles de sortir le soir !

La chauve-souris ne véhicule pas de maladie, hormis potentiellement la rage, mais ce n'est pas la même rage que celle des chiens ou des chats. Seules quelques espèces sont parfois porteuses de cette maladie et il n'y a eu qu'un cas de transmission à l'humain depuis plus de cent ans en France.

C'est un animal discret et méconnu, qui vit la nuit, et il n'y a pas de raison d'en avoir peur. »

Turdus merula

Le merle noir, le chanteur de la place

Identification

Le merle noir est un oiseau commun en France. Il s'adapte à tous les milieux, en ville comme à la campagne. Cette espèce est présente du nord du Maroc à la Chine. Il est majoritairement sédentaire, mais les individus les plus au nord sont migrateurs.

C'est un passereau de relative grande taille. Il est monté sur des pattes fortes, marron tirant sur le rougeâtre. Il a une allure très fière. Sa queue est agitée de secousses. Il se déplace par petits bonds rapides et n'hésite pas à se cacher sous un feuillage plutôt que de s'envoler. Le mâle se reconnaît à son bec, qui est d'un jaune prononcé. Le dimorphisme entre la femelle et le mâle est important. Le plumage est intégralement noir chez le mâle, mais brun chez la femelle, comme moucheté.

Cet oiseau est connu pour son chant mélodieux qui démarre de bonne heure le matin et se fait entendre jusqu'aux derniers rayons du soleil.

Répartition

Le merle est très répandu. L'oiseau n'est pas discret et se montre très territorial. Il n'hésite pas à se signaler sur les plus hautes cimes, et en ville sur les toits pour se faire entendre de tous avec un chant flûté,

enjoué et posé. Sur la place de la Cathédrale et place du Château, on le voit passer toute la journée d'un bâtiment à l'autre, des toits du musée de l'Œuvre Notre-Dame aux toits des ateliers de la Fondation de l'Œuvre Notre-Dame et jusqu'au grand séminaire. Il est partout ! Sur l'édifice, nous avons pu l'observer essentiellement sur la partie basse, du côté de la tour Klotz, en dessous des 30 mètres.

Nidification

Nous avons vu des mâles comme des femelles sur l'édifice et ses environs, mais nous n'avons pas trouvé de nid sur la cathédrale. Et pour cause, le merle construit généralement son nid dans les haies, les bosquets et les zones touffues.

Vue sur la cathédrale depuis son chevet, dans la cour intérieure du grand séminaire.

Observations en centre-ville et sur la cathédrale

Avec la nervosité qui le caractérise, il est difficile de le rater quand il passe d'un toit à un autre, que ce soit sur la cathédrale ou sur les bâtiments alentour. Il existe quelques petits jardins à proximité, inaccessibles au public, qui lui permettent de trouver refuge et nourriture. Le jardin du musée de l'Œuvre Notre-Dame, à trente mètres de la cathédrale, est entretenu sans chimie. Les vers de terre sont donc nombreux, du moins pour autant que puisse en contenir un carré de verdure dans un centre-ville bétonné. Le petit parc fermé aux passants par des grilles offre un espace paisible. Seuls les visiteurs du musée auquel il est rattaché peuvent y accéder – une population généralement peu turbulente et présente seulement pendant les heures de visite. De plus, ce petit parc fait face à un mur de lierre, où les merles aiment faire la chasse aux insectes. Le merle est aussi présent au pied du chevet de la cathédrale, dans le jardin du grand séminaire, un espace privé et fermé par de hauts murs offrant, une fois encore, une certaine tranquillité. C'est un petit espace bien entretenu, avec des fleurs, des buissons et de hauts tilleuls.

Bien qu'il soit très présent en ville, le merle n'est pas anthropophile pour autant. Il nous voit comme de gros animaux sauvages qui peuvent déplacer des morceaux de bois, des pierres ou retourner la terre, comme des sangliers ou des cerfs. Et ainsi déterrer des vers de terre, sa nourriture habituelle et celle qu'il réserve à sa couvée. Il n'est pas rare de le voir la gueule débordante de vers de terre pendant de chaque côté du bec. Sur la cathédrale comme ailleurs, il n'hésite pas à s'approcher de l'homme, mais si celui-ci fait un pas de trop vers lui, il partira en poussant des cris stridents répétés pour signifier son mécontentement.

Menaces

En ville, les merles établissent leur territoire sur de petites surfaces. La transformation d'un espace vert peut priver le merle de proies pour sa progéniture et la condamner.

Mais la plus grande menace reste le chat. L'oiseau passe beaucoup de temps au sol et se retrouve souvent victime des félins – en ville, il va s'agir souvent de chats domestiques bien nourris, qui chassent par instinct ou par jeu.

Faux ami

Contrairement à une idée reçue, le merle n'appartient pas à la famille des corvidés, mais à celui des grives, dont il est d'apparence très proche – à l'exception de la couleur du plumage du mâle qui, elle, évoque effectivement les corvidés.

Regulus ignicapilla

Le roitelet à triple bandeau, un air de punk

Nidification

Il aime nicher en hauteur, où il construit un nid épais aggloméré de plusieurs couches. Les brindilles sont souvent tenues avec du fil d'araignée. C'est la femelle qui se charge de la construction du nid, pendant que le mâle l'encourage de ses chants.

Le roitelet à triple bandeau affectionne généralement les conifères et les forêts riches en lierre. S'il ne fait pas partie du paysage urbain, c'est pourtant l'un des oiseaux, quantitativement, les plus présents sur la cathédrale.

Identification

Le roitelet à triple bandeau pèse 5 grammes et ne mesure que 8 centimètres, ce qui fait de lui le plus petit passereau d'Europe. Il se reconnaît immédiatement à sa taille minuscule, mais surtout à cette calotte jaune chez la femelle et orange vif chez le mâle, une bande colorée bordée de noir de chaque côté. Le sourcil et le dessous de l'œil sont blancs, et cernés d'un bandeau noir. Des caractéristiques qui rappellent un look de punk.

Sa silhouette est ronde et sa tête paraît surdimensionnée par rapport au reste de son corps. Il est cependant très agile et peut pratiquer un vol stationnaire avec précision, comme il en fait souvent la démonstration sous l'oculus de la flèche de la cathédrale. Les épaules sont jaunes et les ailes vertes traversées d'une bande blanche. Les pattes sont roses alors que le bec est petit et noir. Une pointe fine dont l'oiseau se sert avec une grande agilité pour se saisir des insectes. Son chant, constitué d'un trille très aigu, scintillant, rappelle les consonances de la souris.

Découverte

La découverte du roitelet à triple bandeau sur la cathédrale revient à Mathieu Baud. Il l'a observé pour la première fois au début des années 2000. Depuis, le petit passereau à la tête colorée réapparaît en bande chaque année en septembre et en mars, toujours au même endroit, sous la flèche, au sein des éléments d'architecture de la voûte festonnée de la haute tour octogonale.

Sur les hauteurs de la cathédrale, où les passages sont étroits et peu praticables, l'observation d'un oiseau se fait souvent grâce à son chant. Le grimpeur focalisé sur ses pas entend toujours l'oiseau avant de pouvoir le voir. Le chant du roitelet à triple bandeau est

Cadavres de roitelets à triple bandeau.
PHOTOS PAULINE BUGEON

simple et subtil. On peut le résumer à un sifflement aigu, répété et de fréquence relativement basse. Le petit passereau s'exprime à partir des 90 mètres de hauteur, là où le bruit de la ville se dissipe significativement. À cette altitude, ce roitelet donne alors à la cathédrale des accents de forêt et de montagne. Une petite musique ajoutant au dépaysement qu'offre la vue.

Une espèce récente ou ancienne sur la cathédrale ?

Ferdinand Reiber n'ayant pas consigné le petit passereau dans son recensement des espèces de 1882, on pourrait supposer que le roitelet n'est apparu que récemment sur l'édifice. Cependant, l'étude du naturaliste s'est déroulée du printemps à l'été, lorsque les insectes et les oiseaux sont actifs, soit le meilleur moment pour étudier la faune. Or, le passage du roitelet à triple bandeau se produit au courant du mois de septembre, quand l'oiseau se rend plus au sud pour hiverner, et en mars, avant le printemps, quand il migre vers le nord pour regagner son aire de reproduction. De plus, le petit oiseau ne semble être présent qu'à une centaine de mètres de hauteur, à la base de la flèche, à laquelle l'accès est restreint. Nous pouvons donc en conclure que Ferdinand Reiber n'a tout simplement pas été présent au bon endroit, au bon moment, pour observer le roitelet à triple bandeau.

Comportement

Sans être anthropophile, le roitelet à triple bandeau se montre peu farouche et se laisse facilement observer par l'homme. Un avantage quand les artisans et autres personnels œuvrent sur la cathédrale, car les chantiers peuvent être bruyants et les passages fréquents.

Le roitelet se montre aussi sociable avec les autres oiseaux. En automne et en hiver, le petit punk peut être observé en bande. Quand la difficulté de trouver de la nourriture s'accroît, il s'associe aux rondes des mésanges. Il chasse d'arbre en arbre avec des mésanges noires, des mésanges à longues queues, des mésanges bleues, des grimpereaux des jardins ou encore des pouillots véloces.

Reproduction

L'oiseau a une longévité assez courte, pas plus de quatre ans. Il compense cette existence fragile par une reproduction intensive

Voûte festonnée de la haute tour, lieu de prédilection des roitelets à triple bandeau.

entre avril et août. La femelle peut enchaîner deux nichées, chacune comprenant jusqu'à neuf petits.

La cathédrale, une étape sur la route migratoire

L'espèce est partiellement migratrice. L'oiseau ayant besoin d'un climat tempéré pour survivre, ce sont seulement les populations les plus au nord qui migrent vers le sud en hiver. Son corps et ses petites ailes ne lui offrent pas les atouts de la plupart des migrateurs. Il migre, mais sans pouvoir réaliser de longues distances. Comme beaucoup d'oiseaux, il migre surtout de nuit, afin d'éviter les prédateurs. Son physique l'oblige à pratiquer une migration dite rampante, se déplaçant d'arbres en buissons, généralement sur de courtes distances, pour se ravitailler continuellement. Ce type de migration rend sa présence sur la cathédrale cohérente.

Les roitelets migrent du nord vers le sud. Parce que la cathédrale s'élève à près de 142 mètres de haut au milieu de la plaine d'Alsace, le monument religieux est un repère facile à mémoriser sur un trajet migratoire. D'autant que la migration du roitelet se fait en ligne droite, sans détour.

Si cet espace minéral peut offrir le gîte en cœur de ville, par quel miracle offre-t-il aussi le couvert? La réponse la plus crédible est fournie par la quantité inimaginable d'araignées présentes sur l'édifice, des épeires, qui construisent de grandes toiles, aux saltiques, les araignées sauteuses qui n'en construisent pas. Des arachnides attirés par la présence de moucherons qui volent en nuages tout autour du site. Une population abondante d'insectes qui tombe à pic pour le roitelet à triple bandeau.

À cela s'ajoutent les cadavres d'oiseaux, restes de repas du faucon pèlerin, abandonnés à la base de la flèche. Ces charognes sont immédiatement repérées par les insectes nécrophages, capables de sentir un cadavre à plusieurs kilomètres de distance. Ces cadavres se trouvent juste au-dessus de l'endroit où les roitelets viennent se nourrir. Des dalles de grès et un simple couvercle séparent ces deux espaces : les cadavres dessus, les roitelets dessous. Les oiseaux picorent dans les interstices de la pierre, par lesquels passent les larves.

Anecdote

À la mi-septembre, quand on grimpe sur les hauteurs de l'édifice, le froid peut être déjà très mordant. Nous suivions Mathieu dans les escaliers en colimaçon qui montent vers la base de la flèche, à 100 mètres de hauteur. Cramponnés à la dentelle de grès qui nous sert de rambarde, nous montons les marches et découvrons à nos pieds un, puis deux, puis trois cadavres de roitelets. Ce fut notre première observation de roitelets sur la cathédrale. Une découverte peu réjouissante et qui, pourtant, se produit chaque année selon Mathieu. Lors de la période de migration du roitelet sur l'édifice, Mathieu en trouve parfois jusqu'à dix par jour, morts ou agonisants.

Nous avons cherché à comprendre pourquoi tant de cadavres de roitelets jonchaient le sol de la haute tour octogonale. Les oiseaux, apparemment morts de faim et d'épuisement, ne trouveraient-ils pas suffisamment de nourriture sur l'édifice ? Nous avons tenté une expérience en octobre 2021 pour aider les roitelets à survivre sur la cathédrale. Avec Mathieu, nous avons installé une mangeoire provisoire pendant les 4 à 5 semaines de présence de l'oiseau sur la flèche. Une construction fabriquée spécifiquement pour l'oiseau, et alimentée en vers de farine vivants. Nous avons également positionné un piège vidéo face à la mangeoire. Mais l'analyse ultérieure des images nous apprendra que les seuls à avoir été filmés dans la mangeoire sont les rougequeues noirs : le capteur de la caméra n'était pas assez sensible pour filmer des oiseaux aussi petits que des roitelets. L'expérience pourrait être renouvelée à l'avenir.

Columba livia domestica

Le pigeon biset, dit domestique, ce mal-aimé

Ah non, pas le pigeon !

Le pigeon, c'est l'oiseau que tout le monde connaît et peut identifier. On le dit sale, stupide, vecteur de maladies et inutile. Il est accusé de dégrader nos monuments. Le pigeon est en fait l'oiseau le plus détesté au monde.

Si nous l'évoquons dans le présent ouvrage, c'est parce qu'il habite la cathédrale depuis sa première construction il y a mille ans. Et aussi parce que, sans lui, nous ne serions peut-être pas sortis du néolithique et notre civilisation n'aurait pas pu prospérer aussi bien. Et pour cause, pendant des siècles, posséder des pigeons était un privilège que seuls les puissants pouvaient accorder. C'est un oiseau intelligent, extrêmement sociable et facile à apprivoiser. Et si tout le mal qu'on pensait du pigeon était faux ?

Identification

Le pigeon n'est pas seulement commun, il est cosmopolite. Mais ce n'est pas un migrateur pour autant. On le trouve partout dans le monde, sauf en Antarctique ! Il en existe de nombreuses espèces, comme le pigeon de Nicobar, originaire d'Asie et aux couleurs de l'arc-en-ciel d'une beauté sans égale. Pour notre part, nous avons une affection particulière pour le pigeon vert d'Afrique, que nous avons eu la chance d'apercevoir dans ce continent.

Nos pigeons domestiques valent tout autant le détour. On en voit en grande quantité sur tous les bâtiments des villes, et particulièrement sur les bâtiments en pierre, comme la cathédrale de Strasbourg. Sur l'édifice, ils sont présents presque partout, que ce soit au sol, dans les escaliers ouverts, sur la plateforme, le toit de la nef ou encore sur la flèche. Ils affectionnent particulièrement ces lieux, car ils sont cavernicoles ; ils nichent normalement sur les falaises. La cathédrale et son grès sont très attirants pour eux.

Ils dérangent essentiellement pour les salissures qu'ils provoquent par leurs fientes, pourtant bien moins importantes que celles de nos emblématiques cigognes, largement accueillies sur les toits d'Alsace. Ils sont sous notre nez, et le mépris reste majoritairement le seul traitement qu'on leur réserve. Prenons le temps de les regarder, ils ne démériteront pas par leur beauté en comparaison aux autres espèces.

PHOTO PAULINE BUGEON

Description

L'ancêtre du pigeon biset dit domestique que tous les citadins connaissent est le pigeon biset sauvage, qui a quasiment disparu de France, car massivement capturé.

Le pigeon est un oiseau trapu au plumage gris-bleuâtre marqué par une iridescence brillante jaune, vert et rouge le long du cou, un phénomène optique des plus délicats pour les yeux. Les pattes sont roses, l'iris orange. Le bec est gris-noir. Contrairement au reste du règne aviaire, les petits ont un plumage très proche de celui des parents à l'envol, c'est-à-dire 30 jours après leur naissance. Le pigeon peut vivre 20 ans, mais en ville, il survit à peine plus d'un an et demi, en raison de l'absence de nourriture adaptée, puisqu'il est granivore. Le pigeon est d'une grande puissance physique et robuste quand il est correctement alimenté. Sa vitesse de croisière est de 70 km/h. Mais il est capable de monter à 140 km/h en quelques battements d'ailes. C'est un oiseau lourd et malgré tout rapide, on peut l'observer piquer des pointes au-dessus de la nef et des toits environnants la cathédrale.

Si vous venez vous placer en bas de l'édifice au petit matin, au début de l'été, vous verrez certainement des courses-poursuites impressionnantes entre le faucon pèlerin et ses proies, les pigeons. Nous avons eu l'occasion d'en filmer une lors de notre tournage. Nous étions alors munis de deux caméras que nous avons positionnées en toute hâte dans deux parties opposées de l'édifice. Ce fut une matinée chargée en émotion pour toute l'équipe, et qui se solda, pour le pauvre pigeon, par sa mise à mort, au profit du pèlerin et de sa progéniture.

Le pigeon ne chante pas, il roucoule. Ce son, qui dérange souvent les citadins, était l'un des préférés de Pablo Picasso, amoureux des pigeons, qu'il qualifiait d'apaisants et relaxants.

Un oiseau craint pour de mauvaises raisons

C'est un oiseau particulièrement mal-aimé par une majorité de citoyens en raison de fausses croyances extrêmement persistantes dans l'inconscient collectif, qui le voit comme vecteur de maladies. Et pourtant, le pigeon biset ne peut pas transmettre de maladies à l'homme. C'est une vérité très difficile à faire entendre et malheureusement contredite par le marché lucratif du dépigeonnage.

Les pigeons sont porteurs de puces, mais celles-ci ne colonisent pas l'homme. C'est un des rares oiseaux à être insensible à la grippe aviaire. On les accuse de développer des salmonelles, mais on oublie de préciser que l'homme et les autres mammifères sont plus vecteurs de salmonelles qu'eux. On entend souvent parler d'une réaction pulmonaire que ses plumes occasionneraient chez l'être humain. Mais il s'agit d'une hypersensibilité due à une déficience immunitaire et provoquée par un contact étroit et répété avec ces oiseaux, comme dans le cas d'un éleveur dans son pigeonnier. Leurs pattes mutilées ne sont pas dues à des maladies, mais sont consécutives aux fils et cheveux jetés dans la rue : en marchant, l'oiseau se coince les pattes dans les fils, qui se resserrent autour des doigts et finissent par les sectionner. Pour beaucoup de citadins, les pigeons sont synonymes de saleté, alors que leur état physique n'est que le reflet de la saleté de la ville.

Lors de nos repérages, nous avons constaté que les pigeons qui vivent à proximité de la cathédrale sont en bonne santé apparente. C'est probablement dû au fait qu'ils trouvent, dans les entrailles de l'édifice, un lieu paisible et propre où se reposer. À cela s'ajoute l'accès à une nourriture régulière grâce aux nourrisseurs de passage, principalement les petits enfants et les touristes, qui se plaisent à laisser quelques restes de leur repas aux pigeons.

L'histoire méconnue des fientes

Riches en phosphate, potassium et particulièrement condensés en azote, les excréments des pigeons agissent comme du super engrais qui dope les plantes. C'est la raison pour laquelle l'homme les a capturés et a construit des pigeonniers. L'origine de la domestication du pigeon a la même explication que les raisons de son élimination aujourd'hui : leurs fientes.

Au Moyen Âge, le pigeon va grimper l'échelle sociale puisqu'il va devenir un privilège réservé aux seigneuries et... à l'église, car leurs fientes sont la clé de l'exploitation des cultures, et donc synonymes de gain. Détenir un pigeonnier illégalement est passible de la peine de mort en Europe. Ils sont aussi prisés pour la qualité et la saveur de leur chair.

Au cours de la Première Guerre mondiale, le pigeon endosse un autre rôle, essentiel. Pour communiquer, les armées se servent de pigeons voyageurs, qui ne sont autres que des pigeons domestiques. Rien qu'en France, 30 000 pigeons sont mobilisés. À cette époque, le pigeon est un héros. Au lendemain de la Seconde Guerre, les fabricants américains d'armes reconvertissent leurs usines vers l'agrochimie, les molécules servant à produire des bombes étant les mêmes que celles des engrais. Les pigeonniers d'Occident sont alors fermés au profit de l'engrais chimique, laissant les pigeons livrés à eux-mêmes.

Que reste-t-il aujourd'hui de notre amour pour les pigeons ? Une grande amnésie. Sur la cathédrale de Strasbourg, et dans la ville plus largement, ces volatiles sont détestés pour les fientes, alors qu'on accepte sans broncher les dégâts causés par la présence d'un seul faucon pèlerin, qui laisse des fientes en très grande quantité et des cadavres. Il s'agit donc d'une question de point de vue et d'affect. Modifiés génétiquement dans leur mode de reproduction et dans leur comportement social, les pigeons restent attirés par l'homme, attendant qu'on les nourrisse comme nous l'avons toujours fait.

Contrôle des naissances

Si cet oiseau se reproduit autant, c'est parce que l'homme a cassé son rythme biologique en construisant des pigeonniers, et en le nourrissant continuellement afin d'exploiter ses fientes. L'apport constant de nourriture l'a amené à se reproduire sans que les saisons n'aient plus de prise sur son rythme biologique. Ainsi, au lieu d'avoir 2 à 4 pigeonneaux par an, ils vont en avoir en moyenne de 6 à 20, raison pour laquelle des opérations de dépigeonnage sont encore menées dans beaucoup de villes.

Les pigeons sont encore souvent tués par gazage, c'est-à-dire en leur faisant exploser les poumons. Cette opération coûteuse et cruelle est aussi inefficace, car ces oiseaux augmentent les reproductions pour combler le vide. Plusieurs villes se sont tournées vers une solution pérenne et non létale : le pigeonnier contraceptif. Un passage hebdomadaire dans le pigeonnier pour secouer certains œufs ou les remplacer par des œufs factices permet une action de régulation douce de la population.

Fait surprenant, la cathédrale de Cologne, en Allemagne, a installé un pigeonnier sur l'édifice afin de contenir la population et de réduire les fientes. Une démarche novatrice et utile pour cet édifice religieux, qui pourrait être développée sur d'autres bâtiments du patrimoine, et notamment notre cathédrale. En France, les pigeonniers contraceptifs se développent, et la Ville de Strasbourg semble en lice dans la course à la gestion éthique des populations de pigeons, avec une volonté d'installer des pigeonniers, y compris dans le centre-ville, pour 2023.

La famille avant tout

Le lien entre un parent et son oisillon est très fort. Jamais il ne l'abandonnera. Il se sacrifiera pour lui s'il est en danger. Rappelons-nous les pigeons qui se sont jetés dans les flammes de Notre-Dame de Paris pour sauver leurs petits ! Sur la cathédrale de Strasbourg, lors de la période qui a vu défiler les trois confinements dus au covid-19, nous avons pu observer des pigeons nicher dans les escaliers ouverts habituellement réservés au passage des touristes. Les pigeons avaient profité de l'absence des visiteurs pour élever leurs petits sur les marches en pierre. En nous rendant sur les lieux, nous avons pu voir à quel point les parents défendent leurs petits. Bien que les marches soient étroites, ils ne s'enfuyaient pas lors de notre passage. Hors de question pour eux de quitter leur nid. Les pigeons restent avec le même partenaire toute leur vie. On a tendance à penser que les oiseaux n'ont pas de sentiments, car ils évitent le contact. Mais s'ils évitent de se toucher, c'est parce que leur plumage est leur premier et meilleur moyen de défense. Des plumes en bon état et alignées maintiennent une température stable et un bon aérodynamisme, un moyen de fuite efficace en cas de problème.

Un oiseau très intelligent

Le pigeon est l'un des rares oiseaux à pouvoir reconnaître et mémoriser un visage humain. Les tests réalisés dans plusieurs universités américaines, dont Harvard, ont démontré que les capacités cognitives du pigeon étaient particulièrement élevées et identiques, voire supérieures à celles des corvidés.

© ÈRE PRODUCTION

MATHIEU BAUD

Conservateur-restaurateur de la cathédrale

« La présence de pigeons sur un édifice tel que la cathédrale de Strasbourg est toujours soumise à la question des souillures liées aux fientes. Les déjections peuvent donner un aspect négligé à l'architecture, ce qui pose problème aux professionnels qui entretiennent le site, et à certains visiteurs. Mais qu'en est-il de l'impact concret des fientes sur la pierre ?

Les déjections de pigeons sont d'un pH plutôt neutre, et majoritairement composées de matières organiques et d'une faible quantité d'acide phosphorique. Cet acide réagit différemment selon l'environnement dans lequel il se trouve. En intérieur par exemple, à l'abri des eaux, les déjections ne provoquent aucune altération chimique des matériaux, car elles sèchent. En extérieur, l'acide peut impacter des matériaux dans certains cas. Si des fientes sont exposées sur une longue durée à une humidité persistante, et sur des surfaces horizontales que la pluie ne peut nettoyer, il peut y avoir un effet oxydant et perforant sur des métaux comme le plomb. Mais pas sur les grès. Là, pour qu'il y ait altération, il faudrait que les fientes soient associées à des éléments exogènes. L'impact des fientes est très limité au regard de la nocivité d'autres sources de pollutions salines.

La cathédrale subit au fil du temps de nombreux processus d'altération qui sont en réalité majoritairement liés aux cycles des saisons et aux activités humaines : dégâts liés aux guerres, matériaux inadaptés mis en œuvre lors de restaurations antérieures (ciments, plâtre, etc.). La pollution atmosphérique et les nombreux déchets jetés par les visiteurs de la cathédrale sont également préjudiciables pour la préservation des matériaux : les fientes de pigeons sont biodégradables et plutôt inoffensives, comparées aux chewing-gums, cannettes en aluminium, plastiques en tous genres, fils synthétiques, mouchoirs usagés qui bouchent entre autres les chéneaux et les écoulements d'eau.

Les artisans de la Fondation procèdent à un nettoyage rigoureux chaque semaine, associé à des campagnes de plus grande ampleur tous les ans. L'entretien est une part essentielle de la préservation du monument.

Ce constat sur l'impact réel des fientes, de plus en plus partagé parmi les professionnels, permet d'abandonner certains préjugés et d'arrêter d'accuser à tort les pigeons. Je me suis rendu compte, ces derniers temps, de la réelle évolution du regard et du comportement vis-à-vis des pigeons et des animaux en général. Une dizaine d'années plus tôt, la souffrance animale était peu, voire pas prise en compte. J'ai d'ailleurs assisté, à plusieurs reprises, à des captures et à l'euthanasie violente de pigeons devant la place de la Cathédrale et à l'intérieur même de l'édifice. Les mentalités évoluent, cette méthode n'est heureusement plus d'actualité.

Je considère pour ma part que les pigeons figurent parmi les représentants de la nature en ville et ils sont indispensables à l'écosystème de la cathédrale.

Plusieurs actions sont menées sur la cathédrale de Strasbourg pour gérer de façon douce les populations de pigeons. En premier lieu, l'entretien régulier de l'édifice, la mise en place de systèmes préventifs par l'installation de grilles en fer forgé et de filins métalliques pour limiter les accès – notamment autour des cloches, pour les protéger – mais aussi l'installation d'un nichoir à faucon pèlerin. En outre, ces dernières années s'est ajoutée une démarche éthique dans nos travaux d'entretien : la stérilisation manuelle des œufs, plutôt que la destruction des nids. Un autre projet pourrait aboutir, peut-être dans un avenir proche : l'installation d'un pigeonnier contraceptif – comme chez nos collègues de la cathédrale de Cologne – qui complétera le dispositif général de gestion des populations de *Columbidæ*. »

Columba palumbus

Le pigeon ramier, l'élégant

Observation

Le pigeon ramier est l'un des oiseaux les plus faciles à identifier sur la cathédrale. Il est souvent confondu avec le pigeon biset, mais la présence des deux espèces sur l'édifice permet de bien le différencier de son cousin, notamment par son vol territorial particulièrement remarquable et identifiable. On peut en observer chaque jour au-dessus du toit de la nef, notamment, s'envoler à la verticale comme une tourterelle dans un claquement d'ailes rapide et bruyant, puis, quand il est à plusieurs dizaines de mètres de haut, se laisser tomber délicatement, ailes écartées, figé comme un sphinx. Il arrondit la descente en inclinant légèrement les ailes, reprend de l'altitude et recommence, dessinant des vagues dans le ciel. Un spectacle de danse aérienne d'une grande élégance, en parfaite harmonie avec l'architecture.

Depuis le parvis de la cathédrale, le pigeon ramier, appelé communément palombe, se fait aussi facilement remarquer par son chant singulier, à la tonalité basse et rugueuse. Des chercheurs ont établi que ce chant était conditionné par l'habitat du pigeon, car cette fréquence se diffuse plus facilement à travers les feuillages des arbres dans le tapis forestier, son milieu d'origine.

Identification

Le pigeon ramier se distingue des autres espèces de pigeons par sa taille. Il est bien plus massif et charpenté que le biset, ce que confirme le balancement lourd qu'il effectue en marchant. On le reconnaît aisément à sa grande marque d'un blanc immaculé de chaque côté de son cou. Quand il vole, on peut voir la large bande verticale blanche qui traverse le dessus de ses ailes. Contrairement aux autres espèces de pigeons des villes, qui peuvent avoir des motifs et des couleurs très variés, les ramiers portent tous une robe identique. La tête est légèrement bleutée et grise. Le reste du corps est de couleur grise, relevée sur la poitrine par du mauve. Les yeux apparaissent petits au milieu de sa tête. L'iris est blanc. Les pattes sont roses. Le bec est rose à la base, surmonté d'une cire blanche, et le reste du bec jusqu'à la pointe est jaune. Le dimorphisme sexuel entre le mâle et la femelle est quasi inexistant.

Un oiseau victime des chasseurs

La palombe est un oiseau charnu très apprécié des chasseurs. Les écrits de Marcel Pagnol témoignent de la chasse passionnée dont l'oiseau faisait l'objet autrefois. La pression cynégétique était telle que les populations ont chuté dramatiquement au siècle dernier avec la popularisation du fusil de chasse. Si la chasse perd en adeptes chaque année, la chasse à la palombe, elle, perdure et gagne en sauvagerie, avec notamment le développement de palombières, des stands de tir installés dans les parcs naturels. Des sites de chasse en totale contradiction avec le principe d'une réserve naturelle de faune. Les tireurs sont installés dans des cabanons et attendent le passage des palombes en migration. Ils les accueillent ensuite par un déluge de tirs, le but étant de tuer un maximum d'oiseaux. Impossible pour les volatiles de franchir ce mur de plomb. Dans cette apocalypse de feu, la plupart des oiseaux sont surtout blessés et retombent au sol ; s'ensuit une longue agonie aux pieds des tireurs. Une pratique qui semble d'un autre siècle, et qui permet de comprendre un peu plus ce qui a poussé ces oiseaux pourtant farouches à investir les villes. Quitte à se passer des arbres où ils ont l'habitude de nicher.

Les populations d'Europe de l'Est et d'Asie sont entraînées dans un terrible déclin dû à une pression cynégétique encore plus forte qu'en Europe, notamment à cause des dégâts que ces pigeons occasionnent dans l'agriculture. Car ils dispersent les graines petites et grandes comme les faines et les glands, que le ramier est le seul parmi toutes les espèces de pigeons à pouvoir avaler. Paradoxalement, c'est précisément grâce à son rôle de disperseur que le ramier a rendu notre nature riche et abondante en semant les graines des grands arbres.

Nidification

À l'origine, le pigeon ramier niche en forêt, sur les hautes branches, voire sous le lierre, à l'abri des rapaces et des mammifères. Hors reproduction, il passe la nuit perché dans les arbres. Mais sa présence récente dans les milieux urbains a changé cette habitude. Il y côtoie le pigeon biset, dont on suppose qu'il imite le mode de nidification, sur les surfaces minérales. Il lui arrive donc à présent de nicher sur des bâtiments, comme la cathédrale, en construisant son nid avec de longues brindilles comme il le fait dans les arbres. On peut l'observer depuis le parvis nicher sur les corniches, les sculptures, les gargouilles. En regardant bien, on voit les brindilles de son nid dépasser des structures de pierre.

Après la nidification, nous avons pu observer que les nids construits sur l'édifice sont détruits par les corneilles, qui se font une joie d'enlever les brindilles. Est-ce par jeu ou parce qu'elles cherchent de la nourriture ? Difficile à dire. Mais le nettoyage est bien effectué.

Intervention improvisée de Cédric et Mathieu sur la cathédrale de Strasbourg

Mathieu travaillait sur un chantier de la cathédrale au niveau du bras sud du transept, à proximité de l'entrée du lycée Fustel-de-Coulanges, qui jouxte l'édifice. Toujours attentif à la présence de la faune, il repère plusieurs jours de suite un pigeon ramier au même endroit, qui passe d'une sculpture à une autre. Mathieu a d'abord supposé que cette palombe nidifiait. Il s'est ensuite rendu compte qu'elle ne pouvait pas voler. Tout oiseau blessé est potentiellement voué à la mort. Parce que j'ai quelques expériences pour attraper les oiseaux, Mathieu a sollicité mon aide.

Arrivé devant le transept, Mathieu me montre l'oiseau en difficulté. Celui-ci était entre-temps parvenu à descendre en sautant d'une gargouille à l'autre. Il se tenait à présent perché à environ un mètre du sol. Avec ou sans filet, capturer un oiseau est délicat. Il ne faut pas le blesser lors de l'opération, ce qui aggraverait la situation. En raison de son positionnement, un filet était inutilisable. Il ne restait pas d'autre choix que de l'attraper à la main. L'opération promettait d'être compliquée, car l'oiseau pouvait facilement prendre la fuite. J'ai remarqué que la palombe n'était pas dérangée par le passage proche des touristes. J'ai donc adopté la même attitude que le touriste accaparé par sa visite, tandis que Mathieu se tenait quelques mètres plus loin, sécurisant une éventuelle fuite. En passant au niveau de la palombe, je bondis dessus avec assurance. Malgré tout, l'oiseau donne un coup d'aile pour s'envoler. Mais sa blessure l'empêche d'aller bien loin. Il tombe au sol. Je me jette alors sur lui, les mains en avant. J'atterris sur les genoux dans une grimace de douleur. Et me voilà vautré au sol, au pied des touristes hallucinés, mais tenant fermement l'oiseau dans mes mains ! Avec Mathieu, nous l'avons placé dans un carton aéré, et avons constaté avec plaisir que l'oiseau était vif. Nous avons supposé qu'il devait s'agir d'une aile blessée. En rentrant chez lui, Mathieu l'a emmené au centre de soins de la LPO à Rosenwiller. Là-bas, il a demandé, comme nous avons coutume de le faire, de le récupérer une fois soigné. L'idée est toujours de relâcher le pigeon secouru à l'endroit où il a été trouvé, afin qu'il retrouve son ou sa partenaire.

Malheureusement, la LPO nous a informés quelques jours plus tard que leurs soigneurs l'avaient endormi pour examen et avaient décidé de ne pas le réveiller. Les radios avaient montré de multiples fractures sur son corps, de cause inconnue. Le ramier ne pouvait pas être soigné. Dans certains cas malheureusement, on ne peut rien faire pour sauver un animal. Il devait être en souffrance depuis plusieurs jours. Ce sauvetage fut un échec. Nous avons néanmoins eu la maigre consolation d'avoir limité ses souffrances.

C. C.

Columba oenas

Le pigeon colombin, venu de la forêt

Identification

Le colombin est le plus petit des trois pigeons européens. Il est d'une nature calme et effacée. Son plumage est gris clair et noir. Une barre alaire noire traverse ses ailes, elle est visible au repos. Sa poitrine et son cou sont marqués de plumes réfléchissantes grises, roses et vertes. Il ressemble à s'y méprendre au pigeon biset. Le détail qui permet de le différencier de son cousin, c'est son iris noir. Au regard du néophyte, c'est un pigeon, mais pour un amoureux de la nature, c'est un petit bijou.

Gravure du XVIIIe siècle.
COLL. PART.

Observation presque manquée

Pendant la première année de recensement, en 2020, nous sommes complètement passés à côté d'un oiseau présent sur le site. Alors qu'il était sous nos yeux tous les jours, pas une fois nous ne l'avons repéré. Et pour cause... Nous cherchions des oiseaux inhabituels, voire des raretés (pour la ville). Nous ne prêtions donc aucune attention aux pigeons. C'était l'erreur. Ce n'est que l'année suivante, lorsque nous avons dérushé nos images du tournage et celles des pièges vidéo, que nous sommes enfin tombés sur un pigeon colombin. Une fois, deux fois, trois fois... et parfois même accompagné. Difficile de savoir s'il s'agissait d'un couple, car il n'existe aucun dimorphisme sexuel, la femme est identique au mâle.

Nidification et aire de répartition

Il s'agit d'un pigeon forestier, cavernicole pour la nidification. Il s'installe de préférence dans les arbres. Hors période de reproduction, il passe la nuit sur une branche, parfois en compagnie de pigeons ramiers. D'une manière générale, sa nature discrète le pousse à s'installer dans les milieux les moins anthropisés, c'est-à-dire les moins modifiés par l'homme. Pendant longtemps, l'oiseau a été victime d'une forte pression cynégétique qui a considérablement diminué sa population et son aire de répartition. Pourtant, depuis quelques années, il apparaît en ville. Difficile d'en connaître la raison dans l'immédiat, tant ce déplacement vers les zones urbaines est en opposition avec sa nature. La nourriture qu'il trouve en ville doit subvenir à ses besoins, car il se déplace peu en dehors de son territoire. Peut-être s'installe-t-il aussi en ville parce qu'ici, les fusils n'ont pas leur mot à dire. L'espèce, dont la population est stable, n'est pas menacée. Monogame et territorial, le colombin peut investir le même nid chaque année.

Les oiseaux de passage

Goéland argenté en vol.

Cigogne blanche, milan noir et buse variable.

Le ciel appartient aux oiseaux, dit l'adage. De leur point de vue, la cathédrale peut être une oasis, un abri ou une étape sur leur route migratoire. Une bonne partie des 570 espèces de France métropolitaine est certainement passée par la cathédrale de Strasbourg au cours de ses dix siècles d'existence. Nous avons même observé des perruches calopsittes. Des oiseaux originaires d'Australie, élevés en Europe et échappés de cage. D'autres espèces exotiques ont pu visiter l'édifice, elles aussi échappées d'élevage, comme les perruches à collier. Mais aucune ne s'est installée durablement en liberté sur ou à proximité directe du site.

Pour un oiseau en vol, la cathédrale est un repère facilement identifiable dans la plaine d'Alsace. D'autant que l'édifice se situe à proximité du Rhin et de son affluent, l'Ill, dont les oiseaux se servent pour se diriger lors de leur migration. Pour échapper à leurs prédateurs, la plupart des oiseaux migrateurs volent de nuit. Des activités qui se dérobent à nos yeux. Mais comme l'attestent les cadavres de bécasses des bois retrouvés quotidiennement sur la cathédrale, le passage de nuit des migrateurs n'échappe pas aux yeux perçants du faucon pèlerin, dont Plume blanche.

Nombre d'oiseaux ne font qu'une halte sur les hauteurs de la cathédrale, pour repartir. C'est le cas du hibou moyen-duc, avec qui

Milan noir, goéland argenté et milan royal.

Mathieu Baud est déjà tombé nez à nez, ou de la chouette effraie, expulsée involontairement depuis déjà vingt ans du site.

Différents rapaces se posent pour une simple halte, comme les milans noirs. Une poignée d'ouvriers chanceux ont même croisé un hibou grand-duc, l'un des trois super prédateurs que compte l'Hexagone, en haut de la chaîne alimentaire. Le rapace de passage que l'on voit le plus fréquemment sur l'édifice reste la buse variable. Les ailes déployées, elle se laisse emporter par les thermiques en tournoyant, à la recherche de son prochain repas.

Les goélands argentés et les éperviers qui nichent à un kilomètre de la cathédrale, sous les arbres du jardin botanique, fréquentent également le site de l'édifice. Comme les mouettes rieuses installées sur l'Ill. En mars 2022, Mathieu a observé un pinson mâle qui accompagnait des roitelets à triple bandeau, de retour de migration. Les espèces sont donc très nombreuses à visiter le site.

Il est impossible de dresser une liste exhaustive de tous les oiseaux de passage. Pour cela, il faudrait pouvoir passer une année complète sur la cathédrale, en couvrant tous les passages, coursives et escaliers du site. Les oiseaux sont par nature libres d'aller où bon leur semble, et décident parfois de faire un peu de tourisme sur le monument préféré des Alsaciens !

Les oiseaux disparus de la cathédrale

Les doctrines qui prônent la domination de la nature par l'homme, comme celle avancée par Descartes, sont plus que jamais ancrées dans nos sociétés contemporaines. Ce courant qui considère l'animal comme un simple outil de travail qui doit servir l'homme s'est brusquement accéléré au lendemain de la Seconde Guerre mondiale. L'homme et sa science allaient tout résoudre, tout réinventer et tout remplacer, exploiter et transformer la nature, à commencer par les animaux. Plus besoin d'oiseaux pour se débarrasser des insectes : la chimie est là pour ça. Plus besoin de rapaces, de renards ou de serpents pour contenir les rongeurs : la chimie répond au problème. Les animaux n'avaient soudain plus leur place en ville. Certaines espèces ont, depuis, tout simplement disparu. Et pour une seule raison : la pression humaine.

En associant le recensement de Ferdinand Reiber de 1882 aux observations de Mathieu Baud et de ses collègues plus âgés dont il a pu écouter les récits, nous avons été en mesure de lister les espèces qui ont disparu de la cathédrale de Strasbourg. Il s'agit bien sûr, malheureusement, d'une liste non exhaustive.

Coloeus monedula

Le choucas des tours

Avec ses 250 grammes en moyenne, le choucas est l'un des plus petits corvidés. Son plumage gris-noir est des plus beaux. Son bec, ses pattes et ses ailes sont noirs, comme les autres espèces de sa famille. Il porte une calotte noire qui enserre son œil marqué par un iris blanc parfaitement visible. Il est physiquement plus petit que la corneille ou le corbeau freux, deux espèces avec lesquelles le choucas peut partager des arbres dortoirs. Ce passereau réputé pour être bruyant était autrefois présent sur la cathédrale. Aujourd'hui, il a totalement disparu du site. L'espèce est aussi en régression sur l'ensemble du territoire. Elle ne trouve plus les ressources qui lui permettent de se reproduire et de se nourrir.

PHOTO PAULINE BUGEON

Hirundo rustica

L'hirondelle rustique

Elle possède un corps fuselé et de longues ailes courbées qui, tout en lui donnant une allure élégante, lui assurent surtout des aptitudes de vol optimales. Sa queue échancrée se termine par des rectrices particulièrement fines. La période nuptiale accentue les couleurs que porte l'oiseau. Le dessus déjà noir se densifie pour devenir profond. Le bleu des ailes et de la tête s'intensifie pour devenir presque électrique, contrastant avec un dessous blanchâtre. La gorge comme le front sont orange et prennent une teinte rouille en période nuptiale. Une couleur qui permet, en vol, de la distinguer aussitôt de l'hirondelle de fenêtre, physiquement très proche, elle aussi migratrice nicheuse de nos contrées.

L'hirondelle rustique est l'oiseau qui illustre, à nos yeux, le déclin de la biodiversité. Difficile d'oublier l'enchantement que provoquait la vue de centaines, voire de milliers d'individus perchés sur les fils électriques, serrés les uns contre les autres. Aujourd'hui, l'on ne peut voir plus que de petits groupes isolés et lâches... Triste témoignage d'une époque révolue. Pour les jeunes générations, l'hirondelle rustique est un oiseau aussi rare que le coucou geai ou la chouette effraie. Est-elle toujours annonciatrice du printemps? Il n'y a pas si longtemps, en cette saison, elle nidifiait au centre-ville. Ferdinand Reiber la décrit sur la cathédrale, où elle construit des nids de boue et de brindilles, d'étonnants balcons arrondis suspendus où grandissent les petits. L'hirondelle rustique, comme celle dite de fenêtre, se reproduit de préférence dans le bâti humain. Une habitude qui aurait permis son expansion. C'est hélas parce qu'elle est devenue dépendante des humains qu'aujourd'hui l'hirondelle se retrouve en voie d'extinction. Comme pour le moineau domestique, ses lieux de nidification ont été détruits sans compensation. La disparition en ville des jardins, des chevaux, du fumier, des friches l'ont privée de ressources alimentaires. L'effondrement de l'entomofaune, c'est-à-dire des insectes, dans les villes comme à la campagne, dû au développement de l'agriculture intensive et donc des pesticides, a détruit son espèce.

Leurs constructions primitives sur le grès de la cathédrale devaient offrir un spectacle exceptionnel. Il est intéressant de noter que, jusqu'en 1874, fin de la période durant laquelle la cathédrale était l'édifice religieux le plus haut du monde (et ce, depuis 1647), les responsables et administrateurs laissaient ces délicats oiseaux construire leur nid en boue dessus. Un article de loi du début du XVIe siècle menaçait même d'une amende quiconque jetterait des pierres sur les hirondelles dans et autour de la cathédrale. Aujourd'hui, bien que des articles de loi protègent les animaux menacés, les actions concrètes pour protéger ces espèces sont minimes, voire inexistantes. Si les hirondelles revenaient sur le site, les laisserait-on construire leur nid, ou dirait-on qu'elles viennent salir l'édifice?

Tyto alba

L'effraie des clochers

La chouette effraie, appelée aussi effraie des clochers, est un rapace nocturne cosmopolite, donc présent sur tous les continents. Même si certaines études actuelles démontrent qu'il existerait d'infinies variantes, et donc de sous-espèces, l'oiseau reste encore classé aujourd'hui sous un seul nom.

Le rapace est difficile à observer et il est très rare d'en voir. Mais étrangement, son apparence est connue de tous. Dans l'inconscient collectif, sa silhouette et sa couleur singulière renvoient immédiatement au monde de la nuit. Un plumage blanc, parfois crème et légèrement roux couvre son ventre, de sa gorge à ses pattes. Elle porte une calotte, un dos et des ailes roux tacheté de gris. Ses yeux forment deux billes noires et son bec pointu et orienté vers le bas est de couleur ivoire. C'est surtout son masque facial en forme de cœur qui a marqué les esprits.

Cette espèce est mise en danger principalement par les routes. Car la chouette est une chasseuse silencieuse qui plane à seulement deux mètres du sol. Les rares friches intactes sont généralement les bords des routes, où les campagnols abondent. Des terrains de chasse pour les chouettes... qui entrent en collision avec les véhicules.

À l'aube des années 2000, alors que Mathieu Baud n'était pas encore conservateur, mais artisan dans l'équipe de chantier, il lui arrivait, au détour d'une porte ou d'un escalier, de surprendre une chouette effraie au repos. Elles étaient même parfois en groupe, jusqu'à trois individus, peut-être des parents et leur nichée. Difficile d'établir s'il s'agissait de mâles ou de femelles, puisqu'il n'y a aucun dimorphisme sexuel.

Leur site de reproduction était installé discrètement dans un coin de la nef, dans un grenier de 40 mètres de long, où d'imposantes poutres enchâssées les unes aux autres soutiennent un gigantesque toit en zinc. Un abri idéal pour des chouettes effraies.

Dans les années 2000, pour chasser les pigeons de la nef, les responsables de la cathédrale ont condamné les ouvertures.

Cette simple décision administrative des autorités compétentes de l'époque a indirectement mis les chouettes à la porte des lieux. Or, ce rapace, protégé par les législations internationales, européennes et françaises, est particulièrement utile pour réguler les populations de rongeurs. En période de reproduction, les effraies des clochers chassent jusqu'à 5000 rongeurs par an, nettoyant gracieusement nos villes des espèces invasives et, indirectement, évitant l'utilisation de produits raticides dangereux.

Une simple boîte de cinquante centimètres de profondeur, hermétique, collée à une seule des nombreuses fenêtres de la nef, invisible par le public extérieur, contenterait bien une chouette. De très nombreux clochers d'Alsace ont décidé d'installer un nichoir pour ces belles de nuit. Nous avons déposé une demande de pose de nichoir à effraie, qui a été rejetée par le propriétaire de l'édifice, l'État. Même si, sur le papier, des lois ont été promulguées, dans les esprits et les actes, la protection de la nature a encore du chemin à faire en France.

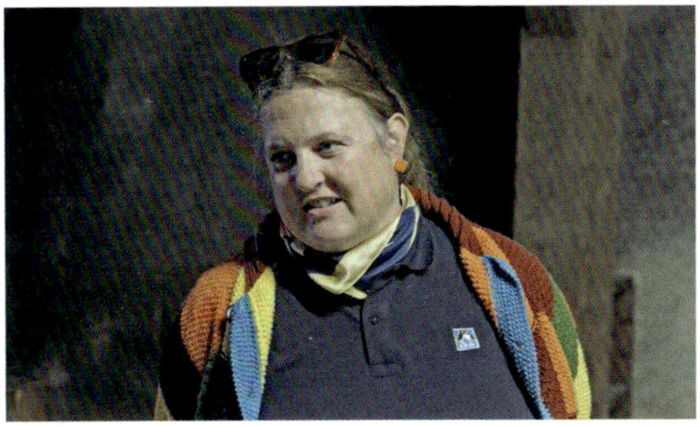

© ÈRE PRODUCTION

Frédérique Merck

Responsable chouettes effraies pour la LPO Alsace

« La chouette effraie est présente sur toute la couronne strasbourgeoise, à la Robertsau, sur le site de la ferme Bussière, et dans les villages tout autour, comme Pfettisheim. Il existe donc une ceinture écologique autour de la ville où elle est encore présente. C'est un oiseau de bocage qui peut coloniser tous les clochers, tant qu'il y a des friches qui lui permettent de chasser. En théorie, elle peut s'installer de nouveau dans le clocher de la cathédrale, mais la disparition des friches en centre-ville est un frein, car elle devra faire du chemin pour trouver de la nourriture. Elle s'accommode naturellement très bien de la présence du faucon crécerelle, un rapace qui ne constituera pas un obstacle à un éventuel retour de la chouette dans le centre historique.

Chez les jeunes, il existe un phénomène biologique appelé "dispersion", c'est-à-dire qu'au moment de l'envol, ils vont chercher un nouveau site de nidification où s'installer, un nouveau clocher, ce qui favorise le brassage génétique des populations.

Certaines institutions sont inquiètes à l'idée d'installer un nichoir à effraie sur un bâtiment classé. Mais il faut savoir qu'un tel nichoir est une boîte qui empêche l'accès à toute autre espèce que celle-ci. De plus, il peut être placé de façon à bloquer l'accès aux combles. Il faut surveiller le nichoir une fois par an. En Alsace, de plus en plus de communes demandent à la LPO d'installer des nichoirs dans le clocher de leur église. »

Falco tinnunculus

Le faucon crécerelle et le Saint-Esprit

Identification

Le faucon crécerelle est un rapace facilement reconnaissable avec son manteau roux, son ventre couleur crème moucheté et ce « casque » gris typique dont il est coiffé. Ce carnivore de petite taille n'est pas facile à observer en ville, puisque son envergure dépasse de quelques centimètres à peine celle d'un pigeon. Sa silhouette est néanmoins plus élancée. Sa queue de couleur grise très allongée est barrée d'un trait noir marqué à la pointe des plumes rectrices. Ses pattes comme son bec sont d'un jaune appuyé.

Comme chez tous les rapaces, le mâle est moins imposant que la femelle. Et il possède des couleurs plus marquées et contrastées qu'elle. Le roux, le gris, le noir, le beige clair dominent.

Observation

Au centre-ville de Strasbourg, le faucon passe d'un clocher à un autre. Il aime se poser sur les toits du centre historique de la ville, place Kléber, d'où il domine la foule. Difficile de savoir ce qu'il vient faire dans cet endroit uniquement minéral et extrêmement agité. Il est très discret et vocalise très peu en dehors des périodes de nidification, ce qui le rend encore plus furtif en zone urbaine.

À l'opposé, en période de reproduction, il ne passe pas inaperçu. C'est d'ailleurs par son cri que nous l'avons d'abord repéré sur

Notre-Dame. Une alarme particulièrement perçante caractérisée par des notes stridentes répétées rapidement et sur de longues durées. Il se manifeste très bruyamment pendant ses ébats amoureux ou pour des raisons territoriales, quand un autre faucon crécerelle approche de trop près. Les oisillons à l'envol qui réclament la becquée peuvent se montrer eux aussi très expressifs. Il arrive néanmoins à ces rapaces de communiquer par des signatures sonores plus discrètes, par exemple quand le couple se retrouve. Plusieurs fois, nous avons pu être témoins de retrouvailles au sommeil des gargouilles, où les jeunes rapaces démontrent leur affection par des caresses délicates du bec sur le plumage de l'autre, soutenues par de petits cris discrets, comme murmurés.

D'un caractère accommodant

Le faucon crécerelle est un rapace qui se contente de peu, puisqu'il pond à même le substrat. Sur la cathédrale, il niche habituellement dans une gouttière, derrière une sculpture ou simplement sur une gargouille.

Il n'est pas rare que sur ses chantiers, Mathieu Baud se retrouve nez à nez avec un crécerelle en pleine couvaison. La première fois, c'était derrière la sculpture d'un évêque, dans une niche d'un des contreforts jouxtant l'escalier qui mène à la plateforme, à l'angle sud-est du massif occidental de la cathédrale. Celui-ci permet aux touristes d'accéder à la plateforme pour profiter d'une vue imprenable sur la ville et ouverte au grand air par des baies et des meurtrières.

Au printemps 2016, Mathieu passe la tête par une meurtrière de cet escalier et a la surprise de découvrir un couple de faucons crécerelles qui nidifie à moins d'un mètre du passage touristique menant à la plateforme et emprunté par 200 000 visiteurs en moyenne chaque année. Les rapaces en pleine couvaison ne semblaient pas inquiétés. Leur nichoir donnait sur le vide, au-dessus de la nef, un espace dégagé qui permet aux rapaces de prendre leur envol rapidement en cas de problème. Le faucon crécerelle est une espèce plutôt anthropophile, qui s'accommode facilement des constructions humaines pour nicher. Mais il est étonnant de voir qu'il est capable de s'accommoder du passage de tant de touristes.

Une cohabitation harmonieuse avec le faucon pèlerin

Le faucon pèlerin et le faucon crécerelle ne sont pas en conflit sur la cathédrale. Ils ne ciblent pas les mêmes proies et n'occupent pas le même espace. La plateforme et ses 66 mètres trace une séparation de l'habitat : le faucon crécerelle vit principalement en dessous, et le faucon pèlerin au-dessus, même si le premier ne rechigne pas à s'aventurer sur la flèche lorsque le pèlerin est absent. Le crécerelle crie parfois après le pèlerin qui s'aventure trop bas, comme le petit faucon a coutume de le faire avec tous les rapaces. Leurs relations ne s'enveniment jamais plus.

La cathédrale, dernier refuge en ville

Le faucon crécerelle peut vivre en ville comme à la campagne. Il recherche simplement le calme et la hauteur pour se reproduire, ainsi qu'un terrain ouvert pour chasser les campagnols. Les observations conduites par différents groupes d'études révèlent que, ces dernières années, la cathédrale était le dernier site à Strasbourg à abriter des faucons crécerelles reproducteurs. Les autres couples

observés par le passé ont disparu, migrant peut-être à l'extérieur de la ville, certainement en raison du bétonnage du centre historique et de la disparition des ressources. On les retrouve à présent sur les terre-pleins verts des échangeurs d'autoroutes qui entourent la ville. Des sortes de micro-prairies dont l'homme est absent et où souris et autres rongeurs peuvent vivre sans la pression humaine.

Cette espèce monogame est observée chaque année dès le mois d'avril en reproduction sur le site. Les faucons crécerelles s'accouplent toujours bruyamment au niveau des coursives et des gargouilles du beffroi, entre la nef et la plateforme. Les accouplements se poursuivent aussi sur la tour Klotz et le chevet, pourvus de nombreux perchoirs, et sur les toits du séminaire contigu à la cathédrale. Un couple reproducteur a été observé en 2020 sur la cathédrale, avec des petits à l'envol. Mais, en 2021, le couple, aperçu sur le site lors de la pariade, n'a finalement pas nidifié. Le rapace ne s'est pas reproduit sur le site pour la première fois depuis longtemps, peut-être depuis la construction même de la cathédrale.

C'est un sentiment effroyable de voir ces emblèmes de la biodiversité qui ont, à travers les siècles et les guerres successives, résisté à la pression humaine, disparaître soudain sous nos yeux. Un drame provoqué par un manque de considération à l'égard de la vie sauvage dans nos villes. Bien que l'espèce soit protégée par la loi, ni l'administration, ni les responsables du patrimoine n'ont pris en compte nos remarques sur cette situation alarmante. Le petit rapace disparaîtra-t-il dans le silence et l'indifférence ?

Une étude récente démontre que les individus qui se reproduisent sur le bâti s'en sortent mieux que ceux qui nichent dans les arbres. La ville est donc une des solutions à la protection de ce petit rapace aux populations en grand déclin. Le développement d'espaces végétalisés ouverts dans les centres urbains attire les rongeurs et pourrait constituer une partie de la solution, permettant aux faucons d'exercer leur rôle naturel de régulateurs de micromammifères.

La bête noire de Reiber

Malgré son amour sincère pour la nature, Ferdinand Reiber s'est montré étrangement critique sur le cas du faucon crécerelle. Jusque-là, il avait fait preuve d'une démarche naturaliste

Vue sur la cour intérieure du grand séminaire depuis la cathédrale.

irréprochable dans son étude, qui consiste en une reproduction objective de la réalité, comme le préconise le fondateur du naturalisme, son contemporain, Émile Zola.

Ferdinand Reiber reprochait au faucon crécerelle de chasser les petits oiseaux de jardin comme les chardonnerets et les verdiers, des passereaux qui étaient encore très présents à la fin du XIXe siècle. Il est étonnant qu'un naturaliste s'émeuve de la brutalité d'un acte de prédation, car lui mieux que personne entend que c'est l'ordre des choses dans le monde animal. Contrairement à l'homme, l'animal n'a pas physiologiquement le choix de son menu. De plus, la morale n'existe que dans le monde des hommes. Le rapace est conditionné génétiquement pour cette alimentation carnée.

Ferdinand Reiber ajoute à sa critique du petit rapace qu'il chasse les autres rapaces. Effectivement, le faucon crécerelle voit d'un très mauvais œil le simple passage d'autres espèces de carnivores sur son territoire. Territorial, il n'hésite pas à fondre sur eux en faisant le maximum de bruit pour les faire déguerpir. Mais encore une fois, toute morale n'existe que dans le monde des hommes.

Vol en Saint-Esprit

Le faucon crécerelle n'est pas connu comme un sprinter du ciel. Ceci provient de son régime, car il capture des rongeurs au sol et des oiseaux majoritairement en difficulté, blessés. La nature a donc favorisé ses capacités à exploiter les courants aériens, au point de faire de lui le spécialiste du « vol en Saint-Esprit », pendant lequel il est capable de faire du sur place sans bouger sa tête d'un centimètre.

Le faucon a été observé à maintes reprises en vol stationnaire au-dessus de la cathédrale de Strasbourg. Ce vol particulier est utilisé uniquement pour la chasse. Difficile d'imaginer qu'il trouve de quoi se nourrir à cet endroit. Pourtant, nous l'avons observé plongeant dans la cour du séminaire et du lycée Fustel-de-Coulanges, deux bâtiments qui jouxtent la cathédrale de Strasbourg. Des lieux où de petites populations de micromammifères peuvent vivre. Le faucon crécerelle est un régulateur très actif des populations de rongeurs. Malgré la diminution de la biodiversité en ville, nous supposons qu'un biotope existe encore au pied de Notre-Dame. Avec tout un écosystème, dont la musaraigne et le faucon crécerelle sont des acteurs actifs.

Menace

Les deux plus grandes menaces qui pèsent sur le faucon crécerelle sont, d'une part, la disparition des sites de nidification en ville et, d'autre part, l'empoisonnement de ses proies par la chimie. Si le prédateur mange un micromammifère empoisonné, il n'a aucune chance de survie. L'espèce a ainsi perdu 20 % de sa population depuis les années 2000. Cette guerre menée contre les animaux qualifiés il y a peu encore de « nuisibles » a des conséquences dramatiques sur toute la biodiversité. L'arrêt des empoisonnements est une nécessité pour assurer la survie du faucon crécerelle, à la campagne comme en ville.

Découverte récente

Une étude récente singulière a établi que le faucon crécerelle serait sensible aux radiations ultraviolettes émises par les déjections des micromammifères. Ceci faciliterait sa capacité à repérer ses proies.

Phoenicurus ochruros

Le rougequeue noir, le don d'ubiquité

Identification

Le mâle est caractérisé par une tête et une poitrine d'un noir intense. L'œil, lui aussi noir, se confond dans sa silhouette. Une petite calotte grise marque la tête comme le bas du ventre. Le croupion et les sous-caudales sont d'un orange vif. Des traits blancs soulignent l'extérieur des rémiges secondaires.

Si les deux sexes ont en commun les pattes, le bec et l'œil noir ainsi qu'une queue orange vif, le dimorphisme sexuel est important chez cette espèce. La femelle se distingue par un plumage gris et brun avec des ailes plus sombres.

Le mâle juvénile peut être confondu avec une femelle en raison de son plumage gris-brun. Les mâles n'obtiennent leur plumage nuptial qu'à partir de deux ans.

Observation sur l'édifice

Dès que l'on prend de la hauteur sur la cathédrale, l'oiseau est observable de la nef à la pointe de la flèche, surtout en période de reproduction, où il chante du lever au coucher du soleil. De loin, il est reconnaissable à son mouvement de queue vertical répété et nerveux qui le caractérise.

Cette espèce rupestre est parfaitement à son aise sur une cathédrale gothique en grès. Ce type d'édifice correspond parfaitement aux falaises, aux escarpements rocheux qu'il habitait avant de se rapprocher de l'homme. Par ses constructions et la végétation qu'il aménage, l'homme a involontairement favorisé le mode de vie et de chasse du petit passereau. Sans le savoir, l'homme fabrique des promontoires d'où l'oiseau peut surveiller des végétations entretenues rases. Du haut de son perchoir, il attend le passage d'un insecte sur lequel il se précipite, pour retourner immédiatement sur son perchoir. Une méthode qu'on retrouve chez le gobemouche, auquel il est apparenté.

Par nature, le rougequeue n'est pas très farouche. Dès le début du recensement des espèces de la cathédrale, le rougequeue est immédiatement venu à notre rencontre. Il s'approchait très près de nous pour nous observer et repartir aussitôt. Dès que nous quittions un espace pour en explorer un autre, le rougequeue surgissait de nulle part, apparaissant furtivement.

L'utilisation d'un drone sur le tournage du film a permis de jeter un éclairage nouveau sur les effectifs du passereau. L'appareil

téléguidé s'est lancé dans une longue descente en spirale autour de la flèche. Très territorial et curieux, le rougequeue est immédiatement monté sur le bouton de la balustrade le plus élevé pour observer l'objet volant. Quand le drone a commencé sa descente, le rougequeue s'est envolé en piqué vers l'intérieur de la flèche pour s'abriter. À cet instant précis, d'autres points de la flèche se sont animés. Nous avons découvert que cinq autres rougequeues étaient positionnés en haut de la flèche, à observer le drone, chacun posé sur un bouton différent.

Nous avons alors compris que cette espèce est largement répandue sur le site. Nous avons observé des querelles bruyantes et énergiques entre ces oiseaux. Le rougequeue défend son territoire en criant et en s'agitant nerveusement jusqu'à faire fuir l'importun. L'absence de l'homme sur la cathédrale favorise la présence des insectes et permet de nourrir un grand nombre de rougequeues noirs.

L'oiseau qui rend fou

Lors du tournage du film documentaire, le rougequeue noir nous a donné du fil à retordre. Le rougequeue a pour habitude de partir du bas de la structure pour remonter en diagonale tout le long de la façade. En quelques secondes, il scanne tout un pan de la cathédrale. Il faut être attentif, car l'oiseau est rapide comme l'éclair. Il ne s'arrête que pour attraper un insecte. Quand il découvrait notre présence, il traversait la toiture de la nef d'une volée rapide, et se posait à quelques centimètres de nous pour nous observer. Le temps de braquer la caméra sur lui et de faire le point, l'oiseau était déjà reparti. Une danse incessante qui a duré tout au long du tournage et qui n'a cessé de nous rendre fous. Obtenir quelques images de lui s'est avéré bien compliqué, malgré sa proximité.

Chant

Pour marquer son territoire, il ouvre grand le bec et mitraille son cri typique : un étrange bruit parasite qui rappelle un papier qu'on froisse d'un coup sec, suivi par une série de cris énervés, le tout en pivotant sur ses pattes.

Affection particulière

Lors d'un tournage dans le désert du Néguev en Israël, dans le canyon d'Ein Avdat, nous filmions un site de reproduction naturel des vautours fauves. Les rangers qui s'occupaient de leur suivi et de leur protection ont attiré notre attention sur un petit carré de verdure de quelques arbres au milieu de ce désert inhospitalier. Ils nous ont raconté observer un rougequeue noir nicher ici depuis quatre ans, une des cinq sous-espèces qui migre à travers plusieurs déserts. Et pour la première fois depuis son observation, il était venu avec une femelle. Originaire du sud de la Russie, il avait migré à travers la Syrie en guerre, puis la Jordanie, pour venir se reproduire dans cette minuscule oasis. Leur volonté et leur force leur permettent d'accomplir ces exploits qui nous fascinent. Ils parviennent à s'adapter à toutes les situations, malgré leur taille minuscule et la fragilité de leur existence.

Éducation

Quand les petits sont à l'envol, le couple se sépare. Chaque adulte prend sous son aile une partie de la fratrie. On peut alors

observer les adultes apprendre à leur progéniture comment repérer les insectes et comment chasser.

Migration

Les rougequeues noirs qui nidifient sur la cathédrale sont sédentaires, c'est-à-dire qu'ils ne migrent pas. On les observe en été comme en hiver. Seules les populations du nord et de l'est de l'Europe migrent vers la Méditerranée ou le Moyen-Orient pour hiverner.

Menace

Le rougequeue noir est l'un des rares oiseaux à bien s'adapter à l'expansion humaine. Aucune menace particulière ne pèse pour l'instant sur sa population.

Parus major

La mésange charbonnière, un ange passe

Répartition

Après le moineau domestique, la mésange charbonnière est le passereau le plus présent en zone urbaine. L'espèce est sédentaire, ses ailes courtes ne sont pas optimisées pour la migration.

Son aire de répartition géographique s'étend de l'Irlande au Japon. On ne la trouve pas au-dessus du cercle polaire arctique, mais on la croise jusqu'à l'équateur, en Indonésie. La couleur jaune et verte caractéristique de son plumage a tendance à se délaver et à griser parmi les populations les plus à l'est.

Comment la reconnaître ?

C'est la plus grande des mésanges présentes en France. Elle est identifiable à sa poitrine jaune et sa cagoule noire qui lui recouvre la tête jusqu'à la poitrine. De larges joues blanches en forme de demi-lunes caractéristiques sont dessinées sous ses yeux sombres. Le corps est verdâtre et jaune avec des variantes pâles sur le dos. Les ailes sont bleutées et grises, traversées par une barre alaire blanche. Un trait noir descend de la gorge sur la poitrine, plus ou moins jusqu'au bréchet. Une marque qui peut varier en importance selon les individus. Le dimorphisme sexuel est léger. Seul le trait noir sous le cou permet de distinguer les sexes : il est plus court ou restreint chez la femelle.

La mésange charbonnière, cette acrobate

Ses pattes griffues optimisées pour une vie arboricole lui permettent de s'accrocher aux arbres dans toutes les positions, à la verticale et même à l'envers, la tête en bas. Ses aptitudes physiques lui donnent accès à des recoins inaccessibles aux autres oiseaux et agrandissent son terrain de chasse, et donc ses chances de dénicher des proies.

Un oiseau qui en a sous le capot

En vingt ans, Mathieu Baud a identifié sur le site deux types de mésanges, les charbonnières et les bleues. Mais chercher une créature de 20 grammes qui nidifie dans l'anfractuosité d'une cathédrale gothique relève du défi. Il y a tant de recoins invisibles et inaccessibles, de ronds de bosses et de sculptures que les espaces propices à accueillir leur nidification semblent infinis. À cela s'ajoute une autre difficulté, car l'espèce, grégaire pendant la période froide, se montre à l'inverse indépendante et territoriale pendant la reproduction. Les individus nicheurs s'isolent les uns des autres. Un seul couple de minuscules mésanges s'approprie un large territoire. Une façade de 60 mètres de haut peut potentiellement n'accueillir qu'un seul nid !

En période de nourrissage, les mésanges reproductrices n'accumulent pas de nourriture dans leur jabot. Elles attrapent les insectes et les rapportent sans perdre de temps au nid pour donner la becquée. Un couple peut ainsi exécuter jusqu'à 900 trajets par jour pour nourrir ses petits ! Un rapide calcul s'impose. En juin, les jours peuvent durer jusqu'à 16 heures et en août, 14 heures. En partant d'une moyenne de 15 heures par journée de couvaison, chaque mésange reproductrice doit revenir au nid toutes les deux minutes. Et pour nourrir sa progéniture et l'amener à l'envol, les parents devront exécuter à eux deux pendant 6 semaines jusqu'à 35 000 allers-retours ! C'est justement cette activité frénétique qui peut permettre de remonter jusqu'à un nid.

« Spoter » une nidification

Un jour d'été, alors que nous procédons à un relevé de présence de martinets noirs sur la coursive autour du massif occidental, qui serpente à 45 mètres au-dessus du sol, une mésange charbonnière se pose à deux mètres de nous, sur une barlotière, un de ces montants en métal qui divise et stabilise les grandes baies ouvertes des tours. De son perchoir, elle nous observe, intriguée et visiblement inquiète. Peut-être ne s'attendait-elle pas à trouver des hommes ici, dans ce lieu rarement fréquenté. Elle tient dans le bec une chenille, certainement picorée dans le jardin du séminaire, à moins de cinquante mètres de là, ce qui indique qu'elle doit nourrir des petits. Irrité, le passereau disparaît à travers la baie ouverte. C'est l'occasion rêvée de l'observer et chercher son lieu de nidification.

Nous traversons la tour nord pour accéder à la coursive de la façade ouest du massif occidental. Plus aucune trace de la mésange. Nous attendons, à l'affût, espérant que nous sommes sur le trajet de son nid et donc qu'elle repassera par là.

Après seulement deux minutes, elle réapparaît ! La petite boule de plumes jaunes et noires traverse la tour dans le même sens, fait une halte sur un tirant métallique puis va se poster quelques mètres en hauteur derrière la sculpture d'un cavalier, un insecte dans le bec. Cette fois, ce n'est pas une chenille, la preuve qu'elle nourrit ses petits. Elle nous fixe et attend. Elle attend, alors nous aussi. Après deux minutes, la mésange trépigne, s'envole vers la plateforme, hors de vue.

Mathieu propose de se repositionner à l'écart, sur l'un de ces imposants contreforts qui maintiennent la cathédrale. Accoudés à la main courante qui nous sépare du vide, nous attendons immobiles et silencieux. La mésange réapparaît à quelques mètres de nous, avec encore un insecte dans le bec. Cette fois, elle se dirige directement dans un trou de boulin refermé avec un bouchon trop court de quelques centimètres. Celui-ci se trouvait juste là où nous nous tenions lors de son dernier passage. Nous réalisons que nous bloquions l'entrée de son nid. Voilà pourquoi elle nous fixait avec son insecte sans bouger. Une erreur à ne pas réitérer. Si les petits ne sont pas nourris en continu, la mort peut être étonnamment rapide. Contents de cette découverte inattendue, nous décidons de prendre congé pour ne plus déranger la couvée.

La cathédrale est une construction idéale pour les mésanges. Elle est particulièrement sécurisée pour y couver. Il n'y a presque aucun passage sur les coursives, en dehors des professionnels et des artisans de la Fondation de l'Œuvre Notre-Dame. Si la pierre est frappée par le soleil toute la journée, la température à l'intérieur des murs oscille entre 35 et 40 degrés. L'humidité dépasse les 50 %. La façade occidentale de la cathédrale est un incubateur idéal pour les passereaux.

Corvus corone

La corneille noire, modèle d'espièglerie

Identification

Le plumage de ce grand passereau est entièrement noir. Toutefois, il varie légèrement au gré des changements de lumière, offrant alors des reflets bleus, violets et verts. Le bec, de couleur noire, est fort et long. Ses pattes robustes sont là encore noires. Il n'existe pas de dimorphisme sexuel.

Contrairement au corbeau freux et au grand corbeau, avec qui elle est souvent confondue, la corneille est plus petite et possède un bec plus fin.

Dans le ciel, la corneille noire est facile à identifier par son vol droit, soutenu par des battements d'ailes amples et puissants. Toute l'année, un vent particulièrement fort souffle en continu autour de la cathédrale. La corneille plane contre le vent pour se rapprocher des parois et se poser en douceur. Ses ailes larges lui permettent de planer facilement, et pourtant, elle use peu de ce talent naturel. La raison incomberait à sa sédentarité et à l'attachement à son territoire.

État des lieux

Depuis les années 2000, les corneilles ne nichent plus sur la cathédrale. Ferdinand Reiber raconte qu'à la fin du XIXe siècle, elles

étaient des dizaines à se reproduire sur les hauteurs de l'édifice. Bien qu'arboricoles, elles sont capables de s'installer sur le bâti ou les échafaudages s'ils sont suffisamment inaccessibles aux prédateurs. Aujourd'hui, les corneilles préfèrent s'installer en périphérie de la cathédrale. On les retrouve dans un rayon de 500 à 800 mètres du colosse de pierre, sur les arbres qui bordent l'Ill. Malgré cela, les corneilles se rendent quotidiennement sur la cathédrale. C'est même un lieu apprécié de ces oiseaux, on peut les voir en grands groupes de plusieurs dizaines d'individus. Elles affectionnent particulièrement les échafaudages, qui ne manquent pas sur le site et leur offrent un terrain de jeu privé et à ciel ouvert. Dès que sonne la fin de la journée de travail, que les tailleurs de pierres et les autres artisans quittent les chantiers, les corneilles noires débarquent. On peut alors les voir faire de nombreuses glissades sur les toits en cuivre de la nef.

Un comportement particulier

Nous avons installé des pièges vidéo sur les échafaudages pour les observer de plus près... ce qui a eu pour effet de les faire fuir. Tant que les caméras étaient là, elles ne s'approchaient pas. Elles

se méfient des hommes et de leurs manigances. À juste titre, pour cette espèce persécutée et accusée, souvent à tort, de détruire les cultures.

Une prudence qu'elles n'appliquent pas aux autres espèces d'oiseaux. Dès qu'une cigogne passe au-dessus de la cathédrale, c'est décollage immédiat de l'escadron de corneilles ! Elles n'hésitent pas à harasser les cigognes, fonçant dessus sans réserve et croassant nerveusement derrière elles pour les chasser. Il est intéressant de noter que les cigognes ne semblent pas s'en émouvoir, poursuivant leur route sans infléchir leur trajet, visiblement coutumières du comportement des corneilles.

Sur nos pièges vidéo, nous avons pu voir des corneilles noires jouer avec des carcasses de pigeons abandonnées par les pèlerins. Il s'agit souvent des deux ailes, encore attachées l'une à l'autre, qui constituent, avec la tête, les seules parties du corps que ne consomme pas le pèlerin. Elles ne semblent pas s'y intéresser pour la nourriture, mais bien uniquement pour le jeu.

Le grand numéro de la corneille sur la cathédrale demeure sa confrontation quasi quotidienne avec le faucon pèlerin. Quand le rapace chasse un oiseau, les corneilles ne bougent pas. Pas un mouvement ou un cri. Mais dès que la proie a été capturée, qu'elle est morte, les corneilles entrent en scène, toujours en groupe. Elles avancent vers le rapace et sa proie en petits bonds nerveux, exécutés de côté, de manière à être toujours prêtes à redécoller en cas de contre-attaque du pèlerin. Elles sont audacieuses, arrogantes, voire casse-pieds à l'extrême, et elles ne prennent pas le risque de se laisser attraper. Si le pèlerin est inexpérimenté, les corneilles jouent aussitôt les gros bras. Si le rapace cède sa place, elles se ruent sur le butin.

Chant ou nuisance

La corneille noire s'adapte presque à tous les milieux. En ville, elle s'attire l'hostilité des riverains de ses lieux de nidification, où elle n'hésite pas à marquer son territoire de façon bruyante. Les cris qui en découlent s'intensifient en période de reproduction. Son chant puissant, loin d'être des plus harmonieux à nos oreilles, monte en puissance lors de conflits avec tout oiseau qui oserait passer à proximité de sa nichée. Des études ont établi que le cri de la corneille varie selon le degré de dangerosité du rapace qu'elle croise.

Sédentaire et territoriale, la corneille occupe son territoire toute l'année. Elle ne laisse aucune chance aux juvéniles de s'installer. Ils doivent partir pour conquérir de nouveaux espaces, ce qu'ils effectuent souvent par groupes. Plus il y a de petits, plus il y a de conflits et donc de nuisances sonores pour les riverains, qui supportent souvent mal les cris des corneilles.

Auxiliaire d'entretien

La corneille noire est accusée de nombreux maux. Pourtant, sa curiosité la rend particulièrement utile à la nature et à l'homme. De façon quasi compulsive, elle observe, cherche, creuse et ramasse les objets pour les identifier. À plusieurs reprises, nous avons été témoins de ce comportement sur la cathédrale. Nous l'avons vue déboucher des gargouilles et des cheneaux d'écoulement encrassés et bouchés avec des résidus de mousses et d'autres détritus. Est-ce par jeu ou parce qu'elle recherche de la nourriture, ou les deux à la fois ? Sans le savoir, les corneilles nettoient des recoins inaccessibles de la cathédrale. Auxiliaire d'entretien, voilà un atout parfaitement méconnu qui mériterait une reconsidération de l'animal.

Alimentation

La corneille noire est un prédateur ainsi qu'un nécrophage. Donc non seulement elle chasse les insectes et les souris qui nuisent aux cultures, mais en plus elle débarrasse le sol des cadavres avant que leurs tissus en décomposition n'engendrent la prolifération de maladies. La corneille chasse aussi les oiseaux blessés et prélève parfois des petits passereaux dans les nids. Parmi les insectes qui constituent son menu, il y a les coléoptères, mais surtout les lombrics, qui constituent l'essentiel de son alimentation. Elle complète son régime avec des fruits et des noix.

Anomalie génétique

De nombreux cas de leucisme ont été observés parmi les corneilles que l'on peut voir sur la cathédrale. Le plumage de ces individus est partiellement blanc, dû à une diminution de la mélanine. La cause, sans être parfaitement établie, serait due à un manque de vitamines pendant la croissance des petits au nid. La corneille est un animal omnivore qui consomme des insectes et beaucoup de vers de terre. Or, la ville en offre peu, on y trouve plutôt du vieux pain, des restes de sandwichs et de pâtisseries. Des céréales qui ne suffisent pas à la croissance des jeunes. La raison peut donc incomber à l'absence de nourriture variée et riche, mais aussi à l'ignorance des jeunes parents.

Des pièges vidéo installés à l'arrière de la tour Klotz, dans la galerie du chevet, ont montré plusieurs corneilles leuciques qui présentaient des malformations des pattes. Mais ces animaux semblaient néanmoins survivre sur le site. Les corneilles leuciques de la cathédrale paraissaient vocaliser beaucoup moins que les corneilles ne présentant pas ces tares. Peut-être leur état ne leur donne-t-il pas la même assurance que les corneilles noires en bonne santé et plus fortes.

Effectifs

La corneille noire est un oiseau très commun, dont la chasse est autorisée. Du fait de son excellente adaptation aux villes, ses effectifs sont en augmentation dans certains endroits. Son seul prédateur est l'autour des palombes, qui est très sensible aux dérangements humains, et donc totalement absent des villes.

Une corneille noire emportant
un reste de carcasse d'oiseau.

Faucon crécerelle et corneille noire qui jouent.

L'oiseau culte de l'ancien monde

Dans les sociétés occidentales, les corvidés font partie du bestiaire du diable, ce qui a forgé leur mauvaise réputation au fil des siècles pour en faire des créatures honnies. Mais il n'en a pas toujours été ainsi, bien au contraire. De tout temps, ils ont été vénérés, et c'est bien l'amour inconsidéré que leur portaient les hommes des sociétés anciennes qui a causé leur chute. À l'époque hellénique, Apollon, le dieu le plus représenté du panthéon grec, voit dans la corneille son oiseau fétiche, dont il loue l'intelligence et la clairvoyance. Son plumage n'était pas associé aux ténèbres, mais à la beauté. Pendant longtemps, la corneille a été considérée comme la femelle du corbeau. Les deux animaux représentaient les deux sexes dans l'inconscient collectif de l'époque. L'ornithomancie, qui consiste à lire l'avenir à travers le monde aviaire, était très répandue dans les sociétés du néolithique jusqu'au début du Moyen Âge. Les Celtes, les Germains, les Gallois, les Vikings et les Romains vénéraient cet oiseau tutélaire plus que n'importe quel autre. C'est bien ce qui a déplu à l'Église catholique, alors en pleine expansion. Le culte des corvidés était un symbole à abattre. L'Église en a donc fait un oiseau de malheur, sur la base de textes bibliques associant la corneille ou le corbeau au mal. Il s'est ensuivi une terrible campagne d'éradication et des siècles de haine.

© ÈRE PRODUCTION

Valérie Dufour

Chercheuse corvidés au CNRS, spécialiste de la cognition et des comportements de communication chez les corvidés

« En France, la corneille est désignée comme une "espèce susceptible d'occasionner des dégâts", notamment vis-à-vis de l'agriculture. Le secteur agricole est très virulent vis-à-vis de la corneille. Je suis souvent contactée par la chambre d'agriculture, mais aussi par des associations qui souhaitent restaurer l'image de ces oiseaux, pour mieux évaluer et comprendre les dégâts. Personnellement, je ne suis pas favorable aux solutions classiques de destructions massives, car on sait aujourd'hui qu'elles ne sont pas efficaces. En revanche, on peut les effaroucher, les éloigner.

J'ai mené plusieurs études sur différents champs. On a observé que des oiseaux venaient sur la parcelle, gratter, fouiner. Cependant, ils ne venaient pas se nourrir du maraîchage, mais des petits vers contenus dans le compost qui était répandu sur le champ, donc ils ne détruisaient pas les récoltes. Dans le cas des champs de maïs, les oiseaux peuvent parfois enlever les graines à certains endroits, ce qui est problématique pour l'agriculteur. Ce sont des évènements furtifs qui ne durent pas longtemps, et donc difficiles à gérer.

On a un problème double avec les corvidés : d'une part, sa réputation dans les campagnes, avec des croyances sur des dégâts qui sont parfois occasionnés, mais pas systématiques. D'autre part, sa réputation en ville. Les oiseaux sont attirés par la ville, car on y trouve de la nourriture partout. Les corneilles viennent en ville en couple, pour se reproduire. Mais à la fin de la reproduction, les jeunes corneilles vont se rassembler en grands groupes, et peuvent s'associer à d'autres corvidés, des corbeaux freux et parfois même des choucas. Ils vont former des groupes importants, qu'on appelle des dortoirs, et qui peuvent parfois s'installer à proximité des habitations, comme c'est le cas à Strasbourg. Cela peut faire du bruit, et ils dérangent les habitants. Mais il faut savoir que ce n'est qu'un phénomène transitoire, qui ne dure que quelques semaines, en été. Je pense qu'il est important de sensibiliser les personnes qui vivent en ville sur le fait qu'à ce moment de l'année, il y a plus d'oiseaux que d'habitude, plus d'activité, que ça peut être plus salissant, mais que cela ne dure pas, ce n'est que passager. Car la ville sans animaux, c'est triste.

Les corneilles, qui sont omnivores, sont opportunistes, c'est-à-dire qu'elles vont se nourrir du sandwich au sol, mais aussi de petits oiseaux qu'elles chassent. Elles s'adaptent très bien à leur environnement. On croit souvent que les corneilles sont responsables de la diminution des effectifs de passereaux, mais ce n'est pas vrai. Les corneilles ne représentent pas un danger pour ces oiseaux. Le plus grand danger pour eux, ce sont les chats ! Donc si vous souhaitez protéger les petits passereaux, gardez vos chats à l'intérieur en période de nidification ! »

Passer domesticus

Le moineau domestique, l'exproprié

PHOTO PAULINE BUGEON

Identification et observation

La place de la Cathédrale – tout comme la place du Château attenante – est une vaste zone pavée encadrée de bâtiments historiques. On y trouve terrasses de cafés et restaurants, et c'est sur ces terrasses qu'on observe le mieux les moineaux domestiques. Les petites boules de plumes qui se nourrissent au sol sautillent entre les gens avec la familiarité qu'on leur connaît. Génération après génération, ils se sont habitués à une nourriture grasse et sucrée.

Le moineau peut ingérer des graines, des bourgeons, des fruits et des insectes. Mais lors de la reproduction, les petits sont nourris majoritairement avec des invertébrés. La présence d'araignées dans leur alimentation est une des raisons du succès des jeunes à l'envol. Et de ce côté, la cathédrale offre un vaste choix d'araignées.

Ses petits cris territoriaux répétés pour marquer son territoire et le défendre face à ses congénères rendent le moineau facilement repérable sur la place. On peut l'entendre émettre ces piaillements répétés caractéristiques tout au long de l'année. Car ce petit passereau n'a pas de chant à proprement parler. Il produit des sons brefs et poussifs, répétés plus ou moins régulièrement. Une particularité qui lui a donné en français son surnom de « piaf ».

Aujourd'hui, l'oiseau s'aventure rarement sur l'édifice. Pourtant, il y a un siècle et demi, le naturaliste Ferdinand Reiber l'avait inclus dans la liste des oiseaux qui y étaient présents.

Le moineau domestique et la cathédrale

Au fil des siècles, la cathédrale a connu de nombreuses transformations. À la Renaissance, les visiteurs pouvaient librement se déplacer à l'intérieur de l'édifice et des galeries, discuter, boire et manger. L'espace ouvert de la nef était constamment animé. Les animaux de compagnie suivaient leurs maîtres à l'intérieur. Il n'était pas inhabituel qu'un noble de retour de chasse entre dans la cathédrale un faucon au bras, pour parader. Il y avait une activité sociale intense, à tel point que les prostituées venaient même racoler leur clientèle entre les murs de l'édifice. Les galeries Goetz nord et sud qui longent la cathédrale accueillaient jusqu'à la moitié du XIXe siècle des échoppes pour se restaurer. Un garde-manger idéal pour les moineaux, les protégeant des prédateurs éventuels. Au fil des ans, les boutiques ont été supprimées, ne laissant que celles

des bâtiments entourant la place de la Cathédrale. Les moineaux ont suivi les hommes et la nourriture sur cette courte distance. Le moineau domestique est le plus anthropophile des oiseaux. Il suit l'homme et s'adapte à l'environnement qu'il crée. Il est si commun dans nos villes qu'il n'attire jamais l'attention. Pourtant, son caractère, son audace et son intelligence en font un oiseau qui mérite tout notre intérêt. C'est un survivant, champion de l'adaptation.

Logement

Le moineau est essentiellement cavernicole. Il se contente d'un trou abrité dans les murs, sous les tuiles du toit, voire entre un boîtier électrique et le mur sur lequel il est accroché. Un espace qu'il aménage avec des morceaux d'herbes, des brindilles, des feuilles et des plumes, ainsi que des poils d'animaux domestiques. Nous avons pu observer un moineau arracher des poils drus à un vieux chien avachi à la terrasse d'un café, au pied de ses maîtres, totalement indifférent au pillage de sa toison.

Un oiseau bagarreur

Quand vient la période de reproduction, les mâles paradent et se mettent en valeur. Tout en piaillant, ils gonflent la poitrine en écartant les ailes face à une femelle, pour mettre en avant leurs qualités physiques et leur plumage. Ceci a systématiquement pour effet d'attirer d'autres prétendants qui jouent alors de rivalité, transformant la parade en dispute générale, une cacophonie à laquelle tout citadin est habitué. Les moineaux se poursuivent alors dans des séries de cris particulièrement colériques et aigus.

Menace

L'absence de ressources alimentaires additionnée à la minéralisation urbaine menace considérablement son existence au centre-ville. À cela s'ajoute la rénovation des façades avec le rebouchage de toutes les anfractuosités des murs et toits, supprimant quantité de lieux de nidification pour notre petit passereau. Raison pour laquelle le moineau domestique, si commun, disparaît de nos villes avec des chiffres alarmants. Difficile de croire que la population a chuté de 90 % dans certaines communes. Le Royaume-Uni, pays où l'on compte le plus grand nombre d'amoureux des oiseaux, a même inscrit le piaf sur sa liste rouge des espèces menacées.

Gravure extraite des *Figures pour l'histoire des quadrupèdes* de Buffon, 1756. Dessin de Jacques de Sève.
BNF

Martes foina

La fouine, l'impossible rencontre

Origines

La fouine est un petit animal truculent domestiqué à la fin du néolithique. On connaît mal l'origine de ce rapprochement avec l'homme. Mais pendant longtemps, les redoutables talents de chasseur de la fouine ont été mis à contribution pour nettoyer des villes comme Strasbourg des espèces invasives, dont les rats.

L'intérêt qu'on lui porte s'est tari. Ces dernières décennies, le mammifère a été considéré comme nuisible et enregistré comme tel dans certains départements, dont le Bas-Rhin, où il peut être piégé et abattu. Un non-sens lorsque l'on sait que sa fonction première est de réguler les autres espèces. La fouine se rencontre essentiellement en ville, héritage de sa période commensale avec l'homme.

Le plus gros mammifère de la cathédrale

Nous n'avons pas eu l'occasion de voir des fouines sur le bâtiment. Pourtant, lors de nos repérages sur l'édifice, nous avons trouvé des déjections de fouine dans la tour Klotz. Face à notre étonnement de voir à cet endroit les traces d'un mammifère, Mathieu Baud nous expliquait que cette tour était ouverte jusque dans les années 1990, laissant la possibilité aux oiseaux et animaux d'y séjourner. Mathieu a eu la chance de croiser des fouines dans les coursives de la cathédrale. Nous avons donc laissé pendant plusieurs mois deux pièges vidéo aux endroits indiqués par Mathieu, espérant capter sa présence. Mais nous n'avons « attrapé » aucune fouine avec nos caméras. Peut-être a-t-elle emprunté d'autres chemins, ou peut-être ne vient-elle qu'à certaines périodes de l'année. Même si c'est frustrant, ne pas trouver la trace d'un animal dont on connaît la présence sur un site fait partie du jeu.

Mathieu Baud

« C'est en 2013 que j'ai, pour la première fois, aperçu une fouine sur la cathédrale, sur notre chantier de conservation-restauration du bras sud du transept. Je me souviens de la surprise, de l'enthousiasme que cette rencontre a provoqués en moi. Contempler un mammifère de cette taille, sur cet édifice, courir devant mes yeux, c'était incroyable ! Nous étions plusieurs ce jour-là, elle a surgi à trois mètres de nous et s'est enfuie dans une tourelle. C'était très furtif, mais cela m'a marqué. Quelques années plus tard, en 2019, j'ai découvert un beau matin d'hiver des traces de fouine : ses petits pas gravés dans la neige étaient aux côtés d'empreintes laissées par un biset ! Me remémorant alors la présence d'anciennes déjections dans la tour de la croisée du transept (dite tour Klotz), qui dataient des années 1990, avant la condamnation des ouvertures, j'en concluais que ces traces de pas prouvaient que la fouine faisait indéniablement partie des mammifères présents de façon récurrente sur la cathédrale. »

Les invertébrés

De gauche à droite : manteau pâle, tipule élégante mâle, cloporte rugueux, miride à ligne jaune, araignée sauteuse saltique, mouche bleue, centipède.

Chiffres et définitions

Le monde compte près de 11 000 espèces d'oiseaux, 6 500 espèces de mammifères et des millions d'espèces d'invertébrés. Le terme « invertébré » englobe par exemple les araignées, les mouches ou les papillons. Il s'agit de tout ce qui ne possède pas de vertèbres, ce qui inclut d'ailleurs aussi le homard et les mollusques. Les invertébrés sont les êtres vivants sur lesquels l'homme possède le moins de connaissances. Prenons exemple sur la classe des insectes, qui représentent 80 % des espèces animales à eux seuls : l'homme n'en aurait identifié que 20 %. Certains calculs estiment qu'il y aurait 10 milliards de milliards d'insectes sur Terre. Vertigineux, non ? Si Aristote, il y a 2 300 ans, a entrepris le premier recensement des insectes, il reste encore du chemin à parcourir.

La 6e extinction de masse

Les insectes ne sont pas épargnés par l'expansion des hommes et leurs activités nocives pour le monde animal. 50 % des populations d'abeilles et de fourmis sont menacées de disparition, au profit d'autres espèces dont la fonction écologique diffère, créant un déséquilibre. Cet appauvrissement a de graves conséquences sur la pollinisation et donc sur la survie de l'homme. Mais les premiers à souffrir de la disparition des insectes, ce sont les animaux qui les mangent, comme les oiseaux ou les chauves-souris.

Les insectes subissent l'appauvrissement de la nature par l'homme. Ce sont les premiers jardiniers de la planète. Leur rôle est essentiel sur Terre, et pourtant mal connu. Certains pays ont décidé de les protéger. En France, seules 32 espèces d'insectes sont protégées par la loi. C'est peu quand on sait que l'Europe centrale compte plus de 40 000 espèces identifiées. Une étude allemande a montré une chute de 76 % de la biomasse des insectes entre 1989 et 2016.

Des observations sur la cathédrale

Sur la cathédrale, il est difficile de procéder au recensement des invertébrés. Le site est très grand et regorge de recoins inatteignables. Il aurait fallu pouvoir passer une année entière sur le bâtiment, et ne faire que ça nuit et jour. Nous avons cependant observé qu'il existe des espèces locales et des migrateurs, comme ces papillons qui se reposent dans les tours ou sur la flèche. C'est le cas de ce superbe lépidoptère *Sphingidae* que Mathieu Baud a croisé un matin, immobile, sur une volée de marches. Quelle belle découverte à près de 100 mètres de haut ! Au cours de notre travail, nous avons pris des photos, à défaut de savoir les identifier au premier coup d'œil. Ces images retracent nos rencontres avec ce monde minuscule et merveilleux.

La végétation

Le grès est une matière vivante sur laquelle se développe une végétation qui lui donne une teinte allant du vert au jaune. Ces végétaux sont aussi importants que les espèces animales dans l'écosystème de la cathédrale.

Mathieu Baud

« Il existe toute une vie microscopique et microbienne sur les matériaux de la cathédrale, intimement liée à la vie macroscopique. Le grès, matière minérale poreuse, conserve l'eau telle une éponge et favorise donc le développement de la vie. Les premiers organismes visibles sont les biofilms, les algues, les champignons et les lichens. En 25 ans de métier, j'ai observé la progression de ces derniers sur l'édifice. Ils servent d'indicateur de la qualité de l'air au centre-ville de Strasbourg. Ces végétaux sont très sensibles à certains polluants atmosphériques. Leur retour en centre-ville prouve que la qualité de l'air s'est améliorée. Leur présence est donc un bon présage pour nous, êtres humains. Toutefois, si nous les maintenons sur les matériaux, leurs systèmes racinaires peuvent augmenter la rugosité de surface. Ils sont par conséquent retirés lors de nos interventions sur l'édifice.

J'ai également observé et recensé de plus grands végétaux sur la cathédrale, telles des fougères, la rue des murailles, qui sont caractéristiques des constructions en pierre. La laitue sauvage et des variétés d'oxalis prospèrent aussi sur le monument dans les joints entre les parements.

Lichen crustacé.

Petite anecdote: parfois, les pigeons ramiers rejettent des noyaux de cerise dans leurs fientes. Si les conditions sont favorables – matières organiques, humidité et ensoleillement –, des cerisiers peuvent pousser sur la cathédrale! Ils sont bien évidemment retirés pour éviter que leur croissance n'endommage l'architecture. Lors d'une intervention de l'État sur nacelle en 2021, nous avons enlevé un de ces spécimens, situé sur une culée d'un des contreforts du bas-côté sud, qui mesurait près d'un mètre vingt. »

Le bestiaire de pierre

Mathieu Baud

« La cathédrale de Strasbourg est une représentation de la nature. La grande majorité du bestiaire biblique, de l'Ancien ou du Nouveau Testament, est sculptée sur la cathédrale. Le talent des sculpteurs s'est exprimé tout au long des siècles. La faune est figurée avec plus ou moins de fidélité selon les époques, les styles ou encore la perception de l'artisan : animal local, connu ; animal dont l'existence est rapportée de manière imagée ou par écrit. Un des principes de l'art gothique est la représentation figurée du vivant. Les sculptures sont réalisées avec une grande précision, malgré la contrainte du matériau. Le réalisme est poussé plus loin encore grâce à l'ajout de polychromies pour les plumes, poils, cils, etc.

Le massif occidental abrite deux frises très représentatives de cet art figuré. La frise nord accueille aussi bien le serpent d'airain, l'aigle qui contemple fixement le soleil, que le phœnix qui nourrit ses petits de son sang, et même une baleine avec Jonas sortant de ses entrailles. La frise sud représente un imaginaire sombre, où diables et centaures se dévoilent. Ils représentent les vices humains, la part négative de l'homme.

Lors de la construction de l'édifice, le programme iconographique était en majorité pensé en amont. Les parties les moins visibles étaient le terrain de jeu des sculpteurs, car sans doute avaient-ils plus de liberté pour s'exprimer. Ils ont ainsi représenté un riche bestiaire composé d'animaux locaux : animaux sauvages comme des chauves-souris, faucons, aigles ou encore hiboux ; proches de l'homme tels que le chien, le chat, le rat ou la souris ; ou encore d'élevage avec le pigeon, le bœuf ou le mouton. Les animaux plus exotiques (lion, singe, chameau) et chimériques sont tout autant célébrés.

Sur cet édifice se côtoient, sur plusieurs siècles, scènes bibliques et scènes du quotidien, animaux et végétaux. Ceux-ci, comme le chêne, le houblon, le figuier, l'acanthe, la vigne, etc., expriment l'importance du vivant pour les femmes et les hommes du Moyen Âge. »

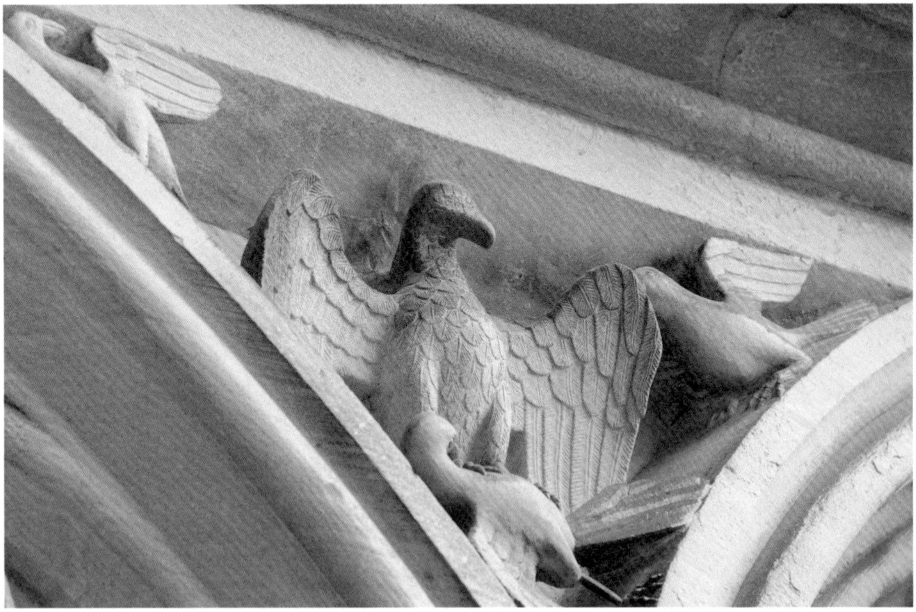

Ferdinand Reiber

et son recensement de la faune de la cathédrale

BNU STRASBOURG

Ferdinand Reiber (1849-1892) était à la fois entomologiste, zoologiste, collectionneur, dessinateur, humoriste et... marchand de houblon. Une longue liste de passions dont on retiendra particulièrement son intérêt pour la faune, l'art et... la bière. Il vécut toute sa vie à Strasbourg et c'est en passionné de l'Alsace qu'il écrivit de nombreuses études relatives aux secrets locaux, toujours heureux de faire l'éloge de sa terre natale.

Un intérêt particulier pour la faune et l'entomologie

Il n'a que 24 ans lorsqu'il publie sa première étude naturaliste, *Les insectes de la promenade Lenôtre*. Ce fut la première d'une longue liste de publications sur le thème de la nature. Celui qu'on connaissait à l'époque également sous le pseudonyme de « Frère Coléo » (pour coléoptère) rédigea une collection de dix ouvrages sur la nature, les insectes et les animaux de Strasbourg, sujet qui le passionnait. Ce qui frappe d'emblée lors de la lecture de ses écrits naturalistes, c'est l'accessibilité de ses textes. Ce domaine reste souvent rédigé de façon scientifique, et donc réservé à une audience limitée. Or, Ferdinand Reiber n'était pas un scientifique, mais un amoureux de la nature. Ainsi, il relate et analyse ce qu'il observe avec simplicité, voire avec une certaine naïveté. C'est un citadin qui s'adresse à ses contemporains.

L'un de ses derniers écrits était intitulé *Note sur la zoologie de la cathédrale de Strasbourg*; il date de 1882. Cet homme passionné d'art et de nature arpenta alors la cathédrale pour y entreprendre un recensement encore jamais effectué de la faune, et même de la flore qu'il y rencontra. Cette vision tout à fait unique de l'édifice est pourtant rapidement tombée dans l'oubli.

Grâce à la riche bibliothèque de la Fondation de l'Œuvre Notre-Dame, Mathieu Baud, passionné par les animaux qu'il rencontre au quotidien sur ce monument, a redécouvert cet ouvrage, toujours inspirant, 140 ans plus tard. Ferdinand Reiber y dresse une liste déjà très complète de différentes espèces. On retrouve également dans ce texte son art de la mise en scène, ainsi que des touches d'humour. On peut se délecter de descriptions parfois approximatives des lieux où l'espèce est identifiée. C'est son récit qui nous amènera vers le lieu où nichent encore aujourd'hui les martinets noirs. En outre, les connaissances de l'époque en matière d'ornithologie n'étaient pas aussi pointues qu'aujourd'hui. Ainsi, Ferdinand se posait des questions: « Le martinet arrive au commencement de mai et repart déjà vers août. En admettant un séjour de quatre mois dans nos régions, que devient cet oiseau pendant les huit derniers mois de l'année ? Étant donné la prodigieuse rapidité de son vol et en lui accordant quatre mois de migration par an, ne pourrait-on pas admettre que le martinet passe dans un autre hémisphère pour y couver une seconde fois ? »

Ferdinand Reiber ne s'est vraisemblablement concentré sur l'édifice qu'une partie de l'année, ce qui expliquerait que certaines espèces soient absentes de son recensement. En revanche, il note la présence d'hirondelles de cheminée, connues aussi sous l'appellation d'hirondelles rustiques, qui ne sont plus du tout présentes en ville de nos jours. Ce texte nous offre donc la possibilité de mesurer la disparition de certaines espèces en milieu urbain. N'ayant plus suffisamment de nourriture en ville, insectes notamment, ni d'endroits où nicher, comme des cavités dans les constructions humaines, l'hirondelle rustique n'a eu d'autre choix que de quitter la ville.

Nous avons eu la chance de pouvoir consulter une édition de sa *Note sur la zoologie de la cathédrale de Strasbourg*. C'est ce texte qui nous a permis, dans nos recherches pour notre film *Cathédrale sauvage* comme pour ce livre, d'avoir un point de comparaison entre, d'une part, la disparition de certaines espèces sur l'édifice et, d'autre part, le regard que l'homme porte sur la faune, à 140 ans d'écart.

PHOTO PAULINE BUGEON

Mathieu Baud

Le meilleur observateur des oiseaux de la cathédale

Par ses recherches sur la faune et la flore, Mathieu Baud, qui œuvre à la préservation de la cathédrale, fait écho, un siècle et demi plus tard, aux recherches de l'écrivain et naturaliste Ferdinand Reiber. Le recensement entrepris sur la cathédrale de Strasbourg depuis 2020 et celui réalisé par Ferdinand Reiber dans les années 1880 se répondent inévitablement. Mathieu possède un bagage colossal en matière d'histoire et d'architecture qui enrichit et précise les écrits de Reiber. Ses connaissances de l'édifice qui lui permettent d'aller plus loin dans ses recherches. De plus, la technologie omniprésente dans notre monde nous a permis d'approfondir l'observation des espèces, comme avec les caméras pièges ou simplement les jumelles et les téléobjectifs qui permettent de s'approcher et de voir de près des choses que nos yeux ne peuvent observer. Mathieu n'a pas attendu nos caméras, nos pièges ou nos micros pour se lancer dans des recherches. Aussi, nous lui avons demandé de se présenter lui-même pour comprendre les motivations qui ont déclenché cette aventure.

Mon parcours, ma passion

« Ma passion pour les vieilles pierres date de mon enfance. J'ai toujours été admiratif des constructions de nos prédécesseurs, qui, en général, matérialisaient dans la pierre leur environnement, leurs croyances, mais surtout la nature sous toutes ses formes. J'ai donc toujours fait l'association entre la matière minérale dite inerte et la représentation durable du vivant.

Ma curiosité et ma soif de découvrir la nature, je l'ai pratiquée très tôt, les yeux rivés au sol ou la tête en l'air, à regarder la vie végétale et animale sous mes pieds, sous mes mains, du plus petit insecte, du brin d'herbe aux mammifères et aux oiseaux. Un enfant qui ne comprend pas encore les interactions et les liens qui les relient, mais aussi hélas qui prend conscience très tôt de la facilité d'anéantir cet univers et de la responsabilité qui nous incombe. Je me suis très vite identifié, rapproché du faucon pèlerin, et j'en ai fait mon animal totem. J'avais adhéré au FIR (Fonds d'intervention pour les rapaces) dédié à la protection des rapaces diurnes et nocturnes. J'allais observer le faucon pèlerin avec des ornithologues sur les falaises rocheuses des Vosges. Je voulais alors devenir vétérinaire et aider les animaux, ou archéologue pour côtoyer la pierre.

Après des études en histoire de l'art et archéologie, je me suis dirigé vers la construction et le bâtiment pour comprendre, après la théorie, la pratique. J'ai ensuite décidé de m'orienter vers la préservation des monuments historiques. En 1997, j'ai intégré la Fondation de l'Œuvre Notre-Dame, institution municipale qui œuvre pour la cathédrale de Strasbourg depuis le XIIIe siècle, avec à la clé un CAP en taille de pierre.

Ce fut une chance pour moi, car je pouvais côtoyer la figuration de la nature et de l'environnement sculpté dans les grès de la cathédrale et pratiquer mon métier en touchant la matière naturelle avec mes mains. J'ai très vite découvert et commencé à recenser, par la photographie, la fabuleuse richesse de la nature représentée et sculptée dans la matière de l'édifice.

Aller toujours plus loin

Curieux et n'ayant de cesse d'étudier et de comprendre ce microcosme que représente la cathédrale, après la pratique de ces premiers métiers, j'ai obtenu en 2017 un master en conservation-restauration des biens culturels, dans le but de légitimer et asseoir la pratique de la conservation-restauration au sein de l'institution, mais aussi auprès du propriétaire de l'édifice (l'État) pour lequel c'était une exigence. En somme, développer un regard global et cerner les imbrications, les relations pour sauvegarder le patrimoine bâti, mais aussi le patrimoine naturel, véritable locataire de l'édifice, et ce, sans doute depuis l'origine de la construction pour qui sait regarder, respecter et comprendre.

Mon attrait particulier pour les rapaces, et autres espèces sauvages de la cathédrale a fait l'objet de la récompense ultime : celle d'observer dès 2010 un faucon pèlerin sur le massif occidental, puis un couple, toujours sur le massif, sans doute cherchant à nidifier. Au fil des rencontres et des recherches, nous voici dans les années 2020. Lors des repérages avec Cédric Chambin et Pauline Bugeon pour le film *Cathédrale sauvage*, Olivier Steck, spécialiste des rapaces de la région strasbourgeoise, identifie une femelle pèlerin qu'il connaît bien, "Plume blanche". Une hivernante qui ne quitte plus l'édifice, faisant de la flèche son point de repos et d'observation. Nous connaissons maintenant ses lieux de repos, de guet, de dîner. Un symbole très particulier pour moi, qui représente une forme de relation, empreinte de respect et d'échanges mutuels. D'autres oiseaux investissent les lieux, mais peu de personnes les remarquent.

Ceci amène un espoir qui justifie nos obligations envers une nature que nous devons, collectivement, protéger et favoriser. Un espoir d'une nature qui peut cohabiter avec nos activités, voire enrichir notre compréhension et donc notre engagement à respecter cette biodiversité dans nos pratiques. La prise en compte des écosystèmes est la grande absente de notre époque, qui cloisonne, hiérarchise, attribue des échelles de valeurs et, paradoxalement, malgré des connaissances toujours plus fines, n'est pas encore capable d'intégrer pleinement cette donnée environnementale dans la préservation des biens culturels.

Observation des allées et venues de martinets noirs dans la tour nord.
PHOTO PAULINE BUGEON

Intégrer et protéger la nature

C'est donc une bataille, mon combat en quelque sorte, car le mot n'est pas trop fort: faire évoluer les mentalités, les pratiques, les regards. Unifier plutôt qu'opposer. Protéger et comprendre un patrimoine naturel trop souvent mis en péril par tradition, superstition, ou encore incompréhension des experts et décideurs. Une méconnaissance qui amène des visions parfois égocentrées et des jugements infondés sur ces animaux.

Que dire des martinets qui nous font retrouver les usages passés que l'architecture offre encore à notre regard? Il est merveilleux de redécouvrir des parties architecturales oubliées, d'en deviner de nouvelles fonctions au travers d'espèces qui les ont transformées en lieu de nidification! Avec une question centrale: les trous de boulin ont-ils toujours été bouchés comme aujourd'hui? Ce sont des lieux magiques pour un grand nombre d'espèces, couvrant une chaîne alimentaire essentielle à l'équilibre de l'écosystème de la cathédrale. Il est impératif aujourd'hui de prendre en compte les derniers recensements des espèces et de favoriser l'usage des trous de boulin par celles-ci dans le cadre des chantiers de conservation-restauration.

Pour un avenir meilleur

Si la cathédrale est une ode à la nature, à la Terre, il ne faut pas perdre de vue nos responsabilités dans ce XXIe siècle, compte tenu du désastre écologique qui s'accélère. À l'heure des rapports alarmants qui se succèdent sur la chute vertigineuse de la biodiversité en lien avec les activités humaines, il est nécessaire de nous engager, chacun à notre niveau. Nous avons des devoirs, des obligations pour que notre écosystème continue de nous offrir cette richesse naturelle qui fait notre intelligence et notre savoir. Cela passe aussi par la préservation de cette nature qui habite les lieux, in fine de notre Histoire.

La méthodologie de conservation-restauration se doit, elle aussi, d'évoluer dans ses pratiques et de tenir compte de cet environnement global au moment de la réalisation des études. Il faut donc sensibiliser les acteurs du patrimoine et les publics, observer et comprendre la conjugaison des patrimoines.

PHOTO PAULINE BUGEON

La Fondation de l'Œuvre Notre-Dame pourrait ainsi être porteuse de cette innovation, comme elle a pu être novatrice tout au long de son existence.

Dans le cadre du Patrimoine culturel immatériel, cette méthodologie globale se doit d'être transmise et pourrait ainsi être transposée sur d'autres lieux culturels et dans d'autres schémas méthodologiques de conservation-restauration de monuments historiques. »

« Piéger » les animaux sur la cathédrale

Quand Ferdinand Reiber procède à un recensement des oiseaux sur la cathédrale de Strasbourg en 1882, il le fait d'une manière inhabituelle pour l'époque. Entendez par là : non létale.

C'est le siècle des grandes expéditions à travers le monde. À cette époque, pour collecter des informations sur les oiseaux, les chercheurs comme l'artiste et ornithologue Jean-Jacques Audubon (1785-1851) n'avaient que deux moyens : l'observation visuelle ou l'utilisation de la canne-fusil. Cette arme au drôle de nom est un fusil rudimentaire composé d'un tube et d'une poignée pour le prendre en main. Elle offrait peu de précision et permettait de trouer de plombs un animal sans provoquer trop de dégâts, permettant ensuite d'en disposer à volonté pour une observation détaillée. Une pratique qui a perduré jusque dans les années 1950 !

Plume blanche, le faucon pèlerin le plus fréquemment observé sur les hauteurs de l'édifice.

Ferdinand Reiber, poète dans l'âme, peut se targuer de n'avoir prélevé aucun oiseau pour réaliser son étude. L'observation des oiseaux a connu une lente évolution jusqu'aux années 1990, où l'optique a franchi un cap déterminant avec l'apparition des jumelles à prisme en toit, faciles à manier et à transporter sur des terrains difficiles à pratiquer.

La cathédrale de Strasbourg, avec ses passages étroits, ses ouvertures sur le vide et ses marches qui n'en finissent jamais, est un site difficile d'accès pour un observateur d'oiseaux. Le recensement que nous avons entrepris a aussi été rendu possible par la révolution numérique de ces dernières années. La combinaison d'optiques performantes et d'enregistreurs numériques à haute vitesse a permis de réaliser quantité d'images à un coût raisonnable.

Dans les années 2000, il fallait réfléchir avant de déclencher une caméra, au risque de gâcher de la pellicule, un matériel assez coûteux quand on le compare à un disque dur, qui peut être réutilisé encore et encore. Aujourd'hui, toute image peut être améliorée par l'intelligence artificielle et un logiciel adapté. Sur la cathédrale, les martinets noirs nichent dans des zones extrêmement sombres. L'ajout d'une lumière artificielle peut être fatal aux petits. Les images que nous avons tournées étaient très sombres. Mais après traitement par un logiciel, les oisillons sont apparus comme en plein jour. Miracle technologique qui permet d'épargner les animaux et de se délecter de leur découverte. Les images optimisées sont d'une telle qualité qu'elles peuvent être diffusées pour propager la connaissance.

RE PRODUCTION

Rougequeue noir femelle (en haut) et mâle (en bas), mulot et corneille noire.

Faucon pèlerin, plume blanche et couple de martinets noirs au nid avec l'oisillon.

Mais la star de la révolution pour l'étude de la faune est sans conteste le piège photo-vidéo numérique. L'objet se déclenche seul et produit d'excellentes images sans déranger les animaux. Son autonomie permet de les laisser longtemps au même endroit, limitant notre présence sur les lieux.

Avec l'aide de Mathieu Baud, nous avons disposé nos pièges photo aux quatre coins de l'édifice pendant plus d'un an. Sur un site de 142 mètres de haut, en dentelles de pierre, avec des centaines de passages différents, des milliers de recoins invisibles, des centaines de gargouilles et des milliers de sculptures, difficile de choisir le bon endroit où poser l'appareil, tout en respectant le monument. Pour les premiers pièges, nous avons opté pour des zones où des fientes nous assuraient d'avance la présence récurrente d'oiseaux. Puis, au fur et à mesure des résultats, nous avons diversifié les lieux de pose et multiplié les pièges caméras pour couvrir le plus d'endroits possible.

Le plaisir que l'on éprouve à relever les pièges doit être comparable à celui du chasseur qui tient un oiseau dans son viseur. Sauf que les pièges ne donnent pas la mort. Au contraire même, ils ouvrent des perspectives plus heureuses grâce aux informations qu'ils peuvent délivrer. Quand Mathieu décrochait les pièges et que l'on glissait les cartes mémoires dans le lecteur, chacun d'entre nous retenait son souffle. Lorsqu'un roitelet ou un crécerelle traversait le cadre de l'image, une joie indescriptible nous agitait. Car en dépit de toutes les pressions exercées par l'homme sur la nature ces dernières années, des animaux sont parvenus à subsister là où on ne les attendait pas : en plein centre-ville.

En plus de tirer le portrait d'un animal sauvage, le piège photo indique aussi l'heure et la date précise de son passage, ce qui permet d'établir quelles sont ses habitudes. Le piège révèle aussi si l'animal nidifie, chasse, se repose, pour *in fine* légitimer sa présence sur le monument.

Outre le plaisir qu'elles nous apportent personnellement, ces images prouvent que la cathédrale est, au-delà d'un édifice cultuel, culturel et esthétique, un monde vivant, un biotope avec une logique de proies et de prédateurs, comme dans n'importe quel milieu naturel.

Épilogue

La cathédrale n'est pas hors de la nature

Quand vous embarquez en 4x4 pour un safari en brousse, vous avez souvent droit à la même scène : le guide s'installe au volant et se tourne vers ses passagers pour leur rappeler la règle de base : « La nature, ce n'est pas la télévision ou un écran de téléphone. Rien ne garantit d'y voir un animal. » Un prélude destiné à calmer les mécontents potentiels d'une excursion d'où l'on rentre bredouille. C'est exactement ce que Mathieu Baud nous a dit à la fin de notre premier rendez-vous, quand nous avons discuté de ce projet hybride de documentaire amorçant un recensement de la faune sur la cathédrale de Strasbourg. Il ne garantissait pas qu'en grimpant là-haut, on parviendrait à cocher la liste des oiseaux, invertébrés et mammifères qu'il a pu voir, lui, en vingt-cinq ans de service. Non seulement le site est compliqué d'accès, mais la faune a appris à se cacher pour survivre.

Ce livre n'est pas exhaustif et ne contient donc qu'une partie de nos observations. Car certaines d'entre elles ont été trop furtives pour que l'on puisse en tirer des conclusions. Le pinson des arbres, un petit passereau coiffé d'une calotte grise aux joues marron, en est un exemple. Nous l'avons vu sur le site une fois, mais la raison de sa présence reste floue. Le jour où nous l'avons observé, il picorait le grès rose de la flèche en compagnie d'une bande de roitelets.

S'agit-il de l'une de ces rondes des mésanges que les petits passereaux effectuent en ville comme à la campagne ? Impossible à dire. En l'absence de certitude sur sa présence récurrente, nous l'avons écarté du recensement.

Voilà pourquoi la liste des animaux de la cathédrale que nous dressons dans cet ouvrage est plus réduite que la somme de nos observations.

Patrimoine historique et patrimoine naturel

Quand nous avons réalisé que la présence des animaux déclinait sur le site, parfois de façon brutale, nous avons contacté les différentes parties responsables de l'édifice et fait des propositions d'actions en faveur des animaux concernés. Mais nos demandes, s'agissant notamment de la pose de nichoirs, ont essuyé un refus.

Face à la situation dramatique qui menace la biodiversité et plonge de nombreuses espèces vers l'extinction, nous avons eu du mal à comprendre cette réaction. Il nous a fallu prendre du recul et mesurer que nous parlons d'un monument unique au monde. Ceux qui en ont la responsabilité n'ont de cesse de veiller à ne pas commettre d'impairs qui pourraient avoir des conséquences néfastes, tant économiques que pour la préservation du site.

En 2021, la Fondation de l'Œuvre Notre-Dame et la Drac ont finalement autorisé l'installation d'un nichoir à faucon pèlerin, à la demande de Mathieu Baud et de ses collègues artisans. La pose de cet abri est un geste salué par la totalité des gens qui ont eu vent de cette aventure. Il est vrai que le faucon pèlerin a pour lui d'être l'un des prédateurs du pigeon biset, la bête noire des villes. Un argument qui donnait du poids à son acceptation sur le site. Souhaitons que, dans un futur proche, l'intérêt porté au faucon soit élargi aux autres espèces. Que patrimoine bâti et patrimoine naturel soient protégés avec la même bienveillance.

À la fin de notre tournage, en 2021, grâce à l'intervention des équipes de la Ville de Strasbourg et de Marie-Françoise Hamard, conseillère municipale déléguée aux animaux, nous avons pu poser des nichoirs dans les arbres au pied du monument. À défaut d'aider les oiseaux sur l'édifice, nous pouvions agir sur le parvis de la cathédrale ! Une aide mineure au regard de l'ensemble des oiseaux, mais essentielle pour ceux qui perdent chaque année plus de lieux de nidification en centre-ville.

Vue sur l'arrière de la cathédrale
depuis la cour intérieure
du grand séminaire.

Une petite créature pour une grande cause

Alors que nous rédigeons ces lignes, l'un des appels pour sauvetage qui ponctuent notre quotidien interrompt notre écriture. À midi, un groupe de cinq adolescents, de passage au pied de la cathédrale, aperçoit une fragile petite silhouette étendue sur le sol. Il s'agit d'un oiseau en difficulté, les ailes à plat sur le pavé. L'animal est visiblement mal en point. Alors que les jeunes s'interrogent sur ce qu'ils doivent faire, un commerçant intervient, précisant avoir remarqué lui aussi la présence de l'animal tôt le matin, mais n'avoir rien fait, au prétexte qu'il est naturel que les oiseaux meurent. L'homme leur conseille de passer leur chemin, sans intervenir. Mais les cinq adolescents ne se laissent pas influencer. Ils trouvent même le désintérêt du commerçant discutable. Et ils ont raison. Leur cœur leur dicte d'agir. Ils récupèrent donc l'oiseau. Ils sont inquiets, car démunis pour répondre à cette situation inhabituelle.

PHOTO MATHIEU BAUD

Avec leur téléphone, ils identifient la créature : un martinet noir. Alors qu'ils sont en quête d'une adresse où déposer leur découverte, Nathalie, sculptrice de la Fondation de l'Œuvre Notre-Dame, croise leur chemin. Elle sait que ces oiseaux nichent sur la cathédrale, et leur propose son aide. Nathalie amène la petite créature à Mathieu Baud, car elle connaît la passion de son collègue pour les animaux. Après un rapide examen externe, Mathieu constate que l'oiseau est trop jeune pour s'envoler et nécessite des soins. À son tour, il nous contacte pour que l'on convoie au plus vite le martinet au centre de soins de la LPO Alsace, à Rosenwiller. C'est un réconfort de constater qu'en quelques instants, par la volonté d'un groupe d'adolescents, une chaîne s'est déployée pour protéger cette petite chose.

Quand nous abordons un nouveau film sur la protection de la nature, nous rencontrons des interlocuteurs investis et passionnés, quel que soit l'endroit du monde. Par notre expérience, nous sommes amenés à penser qu'il existe aujourd'hui un fort désir de revaloriser la place du vivant dans nos sociétés. Les constructions humaines ne sont pas des objets hors de la nature. Elles sont continuellement exposées aux éléments et en contact avec le monde sauvage. L'architecture et la nature ne sont pas opposées l'une à l'autre, au contraire. C'est dans le monde sauvage que les artisans de la cathédrale ont puisé leur inspiration et qu'ils l'ont recréé sous forme d'une immense dentelle de personnages et d'animaux. Après des millénaires à tenter d'exploiter et dominer les autres espèces, les hommes sont, nous le sentons et l'espérons, aux prémices d'une nouvelle étape dans leur relation avec les autres créatures de la planète. Il est encore temps de changer notre mode de pensée, de casser la barrière que nous avons bâtie entre nous et les autres espèces. Il existe un chemin possible dans nos villes, comme sur notre cathédrale.

Bibliographie

ABITEBOUL, D., BALTY, I., BAYEUX-DUNGLAS, M.-C., CARON, V., DAVID, C., DELÉPINE, A., DUQUENNE, P., Les risques biologiques en milieu professionnel, Éditions INRS, ED 6034, avril 2019, www.inrs.fr/dms/inrs/CataloguePapier/ED/TI-ED-6034/ed6034.pdf

ARTHUR, L., LEMAIRE, M., (2015), *Les chauves-souris de France, Belgique, Luxembourg & Suisse*, Biotope éditions et Les publications scientifiques du Muséum national d'histoire naturelle

BOUGRAIN-DUBOURG, A., « Le vrai profil des chasseurs », *Charlie Hebdo*, 21 septembre 2021

CLAIR, A., « Les chasseurs français tuent 22 millions d'animaux par an », *Libération, Le Libé des animaux*, 8 novembre 2021

DIERL, W. (Dr.), RING, W. (2014), *Insectes de France et d'Europe*, Delachaux et Niestlé

FISCHETTI, A., « Redorer le blason du pigeon », *Charlie Hebdo*, 8 août 2018

KOLBERT, E. (2020), « Mais où sont passés tous les insectes ? », *National Geographic*, mai 2020

LIZET, B., MILLIET, J., (2012), *Animal certifié conforme – Déchiffrer nos relations avec le vivant*, Dunod

MORIN, J., GUILLOT, G., NORWOOD, J., (2013), *Le guide des oiseaux de France*, Belin

OLIOSO, G., (2016), *Corbeaux et corneilles*, Delachaux et Niestlé

RAYDELET, P., (2019), *Les animaux, la nature et la France*, L'Harmattan

REIBER, F., (1882), *Note sur la zoologie de la cathédrale de Strasbourg*, Vve C. Decker.

SACLEUX, A. (2019), « Extinction de masse : les insectes disparaissent à une vitesse alarmante », *National Geographic*

TIRADO, R., SIMON, G., JOHNSTON, P., (2013), *Le déclin des abeilles*, Rapport technique du laboratoire de recherche de Greenpeace, Université d'Exeter, Royaume-Uni

Sites internet

www.oiseaux.net

www.espritdepays.com – *Le pigeonnier, un privilège nobiliaire*

Site du Muséum national d'histoire naturelle : https://www.mnhn.fr/fr

http://www.ambassadedespigeons.com

Remerciements

Nous tenons à remercier très chaleureusement Mathieu Baud, avec qui nous partageons un intérêt tout particulier pour la faune sauvage, et qui nous a permis de découvrir la cathédrale sous un angle nouveau. Rien n'aurait été possible sans cette rencontre, qui a donné lieu à un recensement, un film, un livre, et une belle amitié.

Un grand merci à Sonia Zilli, chargée de communication à la Fondation de l'Œuvre Notre-Dame, pour son travail toujours méticuleux, son enthousiasme constant, sa confiance et son aide précieuse depuis le début de l'aventure en 2019.

Nous souhaitons remercier tout particulièrement Marie-Françoise Hamard, conseillère municipale de la Ville de Strasbourg, déléguée à la condition animale, qui a suivi, soutenu et encouragé nos projets de film puis de livre, et ce, depuis les premiers instants. Nous partageons avec elle une volonté farouche d'intégrer et de protéger la nature et les animaux en ville.

Nous remercions également la mairie de Strasbourg, et particulièrement la maire Jeanne Barseghian, Adine Hector, cheffe du département écologie du territoire, et Marie-Laure Desigaux, chargée de mission « Animal en ville », pour leur aide, leur soutien et leur intérêt. Une pensée chaleureuse pour Adine Hector qui a permis l'installation de nichoirs sur la place de la Cathédrale.

Toutes les personnes citées dans le livre nous ont aidés dès les premiers recensements, avant même le tournage du film et l'écriture du livre. Olivier Steck, Lisa Thiriet, Valérie Dufour, Frédérique Merck, Andreï Melnikov, merci pour vos conseils, les échanges que nous avons eus, et pour toutes les informations que vous nous avez transmises.

Merci à la Fondation de l'Œuvre Notre-Dame, Éric Fischer, Frédéric Degenève, Sabine Bengel, Benjamin Gossard, Nathalie Masson, Boris Debourbe, Aymeric Zabollone, Christophe Bolli, ainsi qu'à tous les artisans qui nous ont accueillis, ouvert les portes de la cathédrale et qui ont pris le temps d'échanger avec nous.

Merci à Mgr Luc Ravel, archevêque de Strasbourg, à Gérald Valette, intendant de la cathédrale, et particulièrement à Michel Bolli, sacristain de la cathédrale, sans qui nous n'aurions pas pu voir de chauve-souris dans l'édifice !

Nous remercions également la Direction régionale des affaires culturelles de Strasbourg, notamment Louis-Napoléon Panel et Agnès Blondin, pour leur aide et l'accès qu'ils ont bien voulu nous donner à l'édifice pour le recensement, le film, puis le livre. Une pensée spéciale à Romuald Schnell, pour sa patience et son investissement.

Nous remercions sincèrement Jean-Paul Burget, président de l'association Sauvegarde Faune Sauvage, et Juliette Munoz, fondatrice de La Canopée, pour leur aide financière qui nous a permis de mener à bien notre recensement.

Un grand merci à nos précieux amis Yves Schmitt, Sylvie Bocqui et Olivia Rehacek, pour leurs encouragements incessants à notre égard depuis le début de cette aventure sur la cathédrale.

Merci à notre producteur Thierry Vigneron, ainsi qu'à Grégory Rodriguez, Éric Taryné et toutes les personnes qui ont participé à la fabrication du film, qui ont toujours été d'une grande aide et qui nous ont permis de concrétiser notre projet.

Merci à Mathilde Reumaux, notre éditrice, qui a cru au livre dès le début, et qui nous a apporté un soutien et un encouragement sans faille tout au long de l'écriture. Ses conseils précieux et sa bonne humeur ont rendu le travail très plaisant.

Bien évidemment, nous remercions chaleureusement nos familles respectives pour leur soutien. Et plus particulièrement Christelle Chambin, qui nous a indiqué l'article de Léa Davy sur Mathieu Baud et la faune de la cathédrale, en 2019 dans le magazine *Strasbourg Eurométropole*, et qui nous a soufflé l'idée de cette aventure.

Affiche du film *Cathédrale sauvage*,
de Cédric Chambin, coécrit avec Pauline Bugeon
(ÈRE PRODUCTION, 2022).

cathédrale
sauvage
UN FILM DE CÉDRIC CHAMBIN
CO-ÉCRIT AVEC PAULINE BUGEON
PRODUIT PAR ERE PRODUCTIONS PRODUCTEUR DÉLÉGUÉ THIERRY VIGNERON PRODUCTRICE EXÉCUTIVE PAULINE BUGEON
Vosges
Moselle
ALSACE 20
32
CNC
Grand Est
Strasbourg.eu
LA CANOPÉE

Ce livre a été publié avec le soutien de la Ville de Strasbourg.

Achevé d'imprimer en novembre 2022
sur les presses de Neografia (Slovaquie)
pour le compte d'EBRA Éditions
4, rue Frédéric-Guillaume Raiffeisen
67913 Strasbourg Cedex 09